演说

把你的思想装进别人的脑袋

张亚芬 逯登宇 / 著

中国商业出版社

图书在版编目（CIP）数据

演说：把你的思想装进别人的脑袋/张亚芬，逯登宇著. -- 北京：中国商业出版社，2019.12

ISBN 978-7-5208-0963-4

Ⅰ.①演… Ⅱ.①张…②逯… Ⅲ.①演讲-语言艺术-通俗读物 Ⅳ.① H019-49

中国版本图书馆 CIP 数据核字 (2019) 第 247907 号

责任编辑：巫皆富

中国商业出版社出版发行
010－63180647　www.c-cbook.com
(100053　北京广安门内报国寺 1 号)
新华书店经销
北京紫瑞利印刷有限公司印刷

*

710 毫米 ×1000 毫米　16 开　16.25 印张　209 千字
2019 年 12 月第 1 版　2019 年 12 月第 1 次印刷
定价：58.00 元

* * * *

（如有印装质量问题可更换）

前 言
PREFACE

语言是世界上最厉害的武器。拳头可以击碎一个人的骨头，语言却可以穿透一个人的灵魂！演说作为一种传播思想的工具，它能把你的思想装入别人的脑袋，也能把别人的钞票装入你的口袋。演说作为一种沟通互动的利器，它可以化干戈为玉帛，化腐朽为神奇，变"不可能"为"可能"。

在团队管理中，你想领导什么，离不开演说。

在市场营销中，你想推销什么，也离不开演说。

在仕途登攀中，你想竞争什么，更是离不开演说。

在日常生活中，你想劝说别人做什么，还是离不开演说。

你能不能从容地站在众人面前发表演说，能不能按照一条清晰的思路去演说，直接关系到你演说的说服力，关系到你能否打动听众。

英国首相丘吉尔说过："一个人可以面对多少人讲话，就代表这个人的人生成就有多大。"阿里巴巴创始人马云说过："如果你不会演讲，你的人生将是十分耕耘、一分收获；如果你学会了演说，你的人生将是一分耕耘、十分收获。"这就是演说的重要性，也是演说的魅力所在。

奥巴马在当选美国总统之前，曾是美国伊利诺伊州一个默默无闻的国会参议员。他第一次被人们熟悉，正是源于一场演说。2004年7月，他发表了一篇名为《无畏的希望》的主题演说，这篇演说稿是他亲自撰写的。在演说中，他提出了一个伟大的梦想——消除党派和种族分歧，实现"一个美国"。

这场慷慨激昂的演说一经媒体传播，奥巴马马上声名鹊起，成为全美知名的政界人物。这场演说就像是奥巴马从底层走向白宫的介绍信。至此，他那流畅恢宏、字字掷地有声、句句催人奋进和富有个人魅力的演说，俘获了众多美国民众的心，还让他赢得了"美国历史上口才最好的总统之一"的美誉。

超凡的演说才华不仅为奥巴马赢得了众多掌声，还让他获得了许多支持者。2008年11月，他以绝对优势当选美国第44任总统—美国历史上第一位黑人总统。在奥巴马之前，没有人能想到，在这个种族歧视严重的国度，会有黑人当总统。但奥巴马做到了，而且他还做得很好。

在这个世界上，从来不乏能言善辩之人。从古希腊哲学家苏格拉底，到美国人权领袖马丁·路德·金，再到今天的奥巴马，以及企业界的众多杰出人物。比如，乔布斯、李嘉诚、马云、俞敏洪等。他们都是令人仰慕的演说高手，他们的演说能给听众不一样的思想，带给听众不一样的思维，引导听众进入一个新的世界。他们的演说能让听众产生各种共鸣，或捧腹大笑，或动情落泪，或大受启发。

其实，不只是政治家、商界领袖、社会名人需要演说，每个人在生活和工作中都要与人沟通，都少不了当众讲话，这都需要演说。比如，找工作时，面对坐在你面前的多位招聘考官，你要用充满自信的演说打动他们。当你被提拔为公司领导，也要给大家来一番慷慨激昂的演说，以表达你的决心和信心，鼓舞大家的士气。

如果你在演说时表现得自信沉着，讲起话来头头是道、有条有理，那么，听众自然会对你充满信心，对你产生好感。反之，你若不敢讲、不会讲，给人的第一印象就是"平庸""不自信""没能力"。如此，怎么打动他人，怎么赢得支持？

  这是一个竞争激烈的时代，也是一个需要人人发声的时代。这是一个最好的时代——演说改变人生，这也是一个最坏的时代——沉默失去机会！世界最成功的人，都在运用演说的力量，你还在犹豫什么？

  思想放在大脑里，是浅层价值；把思想用语言传播出去，让更多人知道，是中层价值；由于你传播了思想，改变了更多人的思想和行为，这是深层价值。你想成为拥有怎样价值的人？你想带给别人什么样的价值？这取决于你是否拥有语落成金的演说能力。演说比任何行为更能让你具有影响力。

张亚芬 逯登宇

目 录
CONTENTS

第一章 胆识：先战胜自己，再征服听众 ………………… 001

1. 人人都有演说恐惧感，请接纳它 ……………………… 002
2. 了解怯场的原因并设法消除它们 ……………………… 006
3. 必要的基本训练助你提升自信心 ……………………… 011
4. 勇敢地迈出去，胆量是练出来的 ……………………… 016
5. 降低期望值，别给自己制造压力 ……………………… 019
6. 用"假装法"让自己看起来镇定 ……………………… 022

第二章 准备：准备越充分，演说越轻松 ………………… 027

1. 不打无准备之仗，不做无准备的演说 ………………… 028
2. 明确目的：带着目的去演说 …………………………… 031
3. 定位听众：从听众出发去准备素材 …………………… 035
4. 设计结构：好的演说结构才能持续吸引听众 ………… 041
5. 提炼价值点：你的演说能给别人带来什么 …………… 046
6. 着装形象：你打算以何种形象去演说 ………………… 048
7. 酝酿情绪：酝酿与演说主题相符的情绪 ……………… 052

第三章　开场：语出惊人，三言两语撩人心 …… 057

1. 开场3分钟决定一场演说的成败 …… 058
2. 自我介绍式开场白：让自我介绍别具一格 …… 063
3. 现身说法式开场白：用亲身经历建立信赖感 …… 067
4. 示弱式开场白：适当示弱以增强亲和力 …… 071
5. 幽默式开场白：开场就能活跃演说气氛 …… 075
6. 悬念式开场白：有悬念的开场魅力无穷 …… 079
7. 抒情式开场白：真挚的感情最能打动人 …… 083
8. 开场白禁忌：这样开场你就糟大了 …… 086

第四章　技巧：好说歹说，关键看你怎么说 …… 091

1. 主题句：创造并不断重复主题句 …… 092
2. 好措辞：恰当措辞实现精准表达 …… 096
3. 说清楚：没有什么比说清楚更重要 …… 100
4. 讲故事：用起伏的情节吸引听众 …… 104
5. 打比方：用生动的类比打动听众 …… 108
6. 慢递进：先做铺垫，再深入主题 …… 112
7. 巧停顿：妙用停顿提升表达效果 …… 116

第五章　道具：巧借道具，呈现可视化演说 …… 121

1. "看得见"的演说最精彩 …… 122
2. 作用：道具让演说充满魔力 …… 126
3. 文字：点睛之语震荡人心 …… 130
4. 图片：一幅好图胜过千句话 …… 133
5. 视频：视频短却有超常冲击力 …… 137

6．实物：选对相关物演说，主题自明……………………………………… 140

7．运用道具演说的注意事项……………………………………………… 143

第六章 说服：逻辑到位，一句话就能说服……………………… 147

1．清晰的逻辑是演说的关键……………………………………………… 148

2．对比法：活用认知对比原理…………………………………………… 153

3．三段法：大前提+小前提→结论……………………………………… 157

4．假设法：用假设的情境触动人心……………………………………… 160

5．例证法：亮明观点，举出实例………………………………………… 163

6．反证法：利用正反逻辑进行说服……………………………………… 169

7．组合法：选择听众愿意听的去说……………………………………… 171

第七章 控场：从容不迫，场面尽在你掌握…………………………… 175

1．眼神控场：通过视线的转移来控场…………………………………… 176

2．动作控场：肢体动作让演说更具导向性……………………………… 179

3．内容控场：灵活调整演说内容………………………………………… 184

4．互动控场：用互动换心动……………………………………………… 187

5．提问控场：用提问把听众带入你的思维……………………………… 192

6．气氛控场：主动营造和谐的气氛……………………………………… 196

第八章 应变：随机应变，意外频出巧化解………………………… 203

1．突然忘词冷场怎么办——巧设情景以化解…………………………… 204

2．说错了话怎么办——将错就错莫慌乱………………………………… 207

3．听众提问答不上来怎么办——真诚赞美问回去……………………… 211

4．听众提出反对意见怎么办——冷静倾听巧发言……………………… 215

5．遭到恶意刁难怎么办——冷静而幽默地应对………………………… 218

6. 时间快到了没讲完怎么办——巧做总结以收尾……………… 222

第九章　结尾：余音绕梁，耐人寻味……………………… 227

1. 还要拖多久？是时候收尾了……………………………… 228
2. 总结式结尾：言简意赅说要点……………………………… 232
3. 号召式结尾：慷慨激昂发号召……………………………… 235
4. 决心式结尾：信心十足立誓言……………………………… 238
5. 余味式结尾：提出问题引人深思…………………………… 241
6. 抒情式结尾：抒情怀、发感慨……………………………… 243
7. 结尾禁忌：这样结尾你就前功尽弃了……………………… 245

第一章
胆识：先战胜自己，再征服听众

很多人可以和亲朋好友侃侃而谈一两个小时，整个过程中话题源源不断，思路非常清晰，表达非常流畅。可是面对众人演说时，一切都变了——面红耳赤、手心冒汗、思路堵塞、前言不搭后语。为什么有如此大的反差？原因是他们产生了紧张、怯场、恐惧心理。因此，要想面对众人演说如同在熟人面前闲聊那样自然放松，就必须先战胜自己。

1. 人人都有演说恐惧感，请接纳它

当主持人将你介绍给听众，台下响起了稀稀落落的掌声。你抬起下巴，深吸一口气，走上了台。你朝台下望去，瞬间感受到500双眼睛正盯着你。你感觉一切是那么的不真实，就如同置身于梦境一般。双腿已经不听使唤，不停地颤抖，燥热的空气，加剧了你汗液的流淌。不知不觉，你嗓子眼变得干涩起来。但为时已晚，讲台上并没有水……

试着感受这段描述，你能感受到在众人面前演说时的那种恐惧感吗？其实，对演说有恐惧感的人并非你一个，你的恐惧是很正常的。除了我们普通人，很多演说大师，著名的政治领袖、科学家、企业家，都有不堪回首的演说经历。

国际工人运动杰出的女活动家蔡特金，在第一次演说时，提前做了细致的准备，还进行了多次演练。可是上台后，她的脑子里一片空白，想讲的内容忘得一干二净。

美国著名作家马克·吐温谈起自己首次公开演说，说了这样一句话："那时仿佛嘴里塞满了棉花，脉搏快得像在进行百米冲刺。"

英国政治家路易·乔治说，他第一次公开演说时，舌头抵在嘴的上颌，竟一个字也说不出来。

英国历史上有位名叫狄斯瑞的首相更是说，他宁愿带领一队骑兵上战场，去冲锋陷阵，也不愿意在下议院做一次演说。

两度担任英国首相的丘吉尔，是世界知名的演说家，他发表过多次鼓舞人心的演说。可谁知道，就是这样一位伟大的演说家，曾经在演说

台上也会脸色发白、四肢颤抖，有过被轰下台的惨痛经历。丘吉尔曾表示，每次演说他都觉得胃里像放着一块冰。

大科学家牛顿，他承认自己在演说前身体抖动得不受控制，恐惧得大喊大叫。

印度"圣雄"甘地，首次演说时低着头，不敢看听众。

……

美国有人曾以"你最怕什么"为题，随机访问了3090个人。结果发现，大多数人最怕的是在众人面前讲话。还有一份关于大学演说课的调查显示，80%～90%的学生在开始上课时，都害怕上台演说。笔者认为，那些参加其演说培训课程的学员，100%对演说怀有恐惧感。

面对公众演说，恐惧是人的常态。没有恐惧感的人，反而不那么正常。登台演说的恐惧人人都有，还不乏许多知名人物乃至演说家，作为无名小卒的我们，又有什么好怕的呢？所以，赶紧拍拍胸脯告诉自己：我没什么好怕的！

大思想家、文学家爱默生曾说过："与世上任何事物相比较，唯有恐惧最能击败人！"恐惧是无法逃避的，唯有去面对，去接纳它。笔者来自农村，出生以及成长的环境，注定了笔者是个较为内向、不善言谈的人。别说站在公众面前演说，就连日常和陌生人沟通都有障碍。而今天，笔者可以站在上千听众面前滔滔不绝、侃侃而谈。

很多学员对此感到好奇，问笔者是怎么做到的。其实没什么秘诀，笔者只是勇敢地正视恐惧、直面恐惧。结果，恐惧就消失了。笔者能够做到正视恐惧、接纳恐惧，你们每个人也可以做到。

（1）脸皮一定要厚，别怕被笑话

不仅是普通人对演说有恐惧感，笔者还听到过很多职业演说家说，他们从未彻底摆脱演说恐惧感。每一次演说之前，他们都有不同程度的恐惧感，直到三五句话过后，才能消除这种感觉。

作为职业演说家，笔者总是告诉自己：脸皮要厚，大不了就是讲得不好，被人笑话，被人质疑。这就是最坏的结果。除此之外，并不会因为讲得不好而失去什么。有了这种心理，也就能够洒脱地放开去讲了。

（2）将你的恐惧坦白地表达出来

作家沈从文第一次走上讲台时，紧张得不知道说什么。调整了很久之后，他才平静下来。然后，他只用10分钟，就把事先设计好的整堂课的内容讲完了。可是离下课还早着呢，怎么度过剩下的时间呢？最后，他灵机一动，在黑板上写了一句话："今天是我第一次上课，人很多，我害怕了。"沈从文的坦白交代并未引起学生们的笑话，大家报以善意的微笑，使他的心情平复了很多。

其实，当我们被恐惧压得喘不过气来时，也可以坦白交代。告诉听众："今天我站在台上，看到台下这么多观众，心里有些紧张。不过，我希望我的演说能够帮助大家。"你这种坦白是真诚的表现，会赢得听众的理解。而事情就是这么奇妙，当你坦白后，你紧张的情绪反而会得到释放。随着话题的展开，你会表现得更加自然起来。

（3）掌握几种缓解演说恐惧的方法

演说时，每个人或多或少都会产生恐惧感，关键在于当恐惧来袭时，我们要学会调整自己的情绪，尽量让自己放松和平静下来。下面，笔者推荐3种有效的缓解恐惧的方法，如图1－1所示。

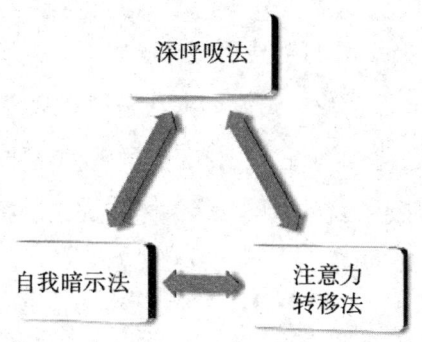

图1-1 缓解恐惧感的3种方法

①深呼吸法。

很多学员问:"张老师,为什么我在紧张的时候声音发颤?"笔者总是告诉他们:"因为呼吸出了问题。人在紧张的时候,呼吸急促,心率也加快了,你会感觉心要跳出来了。这会耗尽你肺里的空气,导致你说话的底气不足。还有一种可能是,你到达演说现场迟到了,为了赶时间,你一路小跑,气喘吁吁,这样你演说时声音也会发颤。"

怎么解决这个问题呢?办法很简单,那就是登台之前做几次深呼吸——从鼻孔深吸一口气,憋一两秒,然后缓缓地从鼻子呼出来。如此反复几次之后,你就会恢复到平静,在平静的状态下,你的声音也会平稳,而不会发颤,不会让人一听就能感受到你的紧张。

②自我暗示法。

通常,自信的人与不自信的人相比,他们在登台演说时,紧张感、恐惧感的程度会弱很多。因此,如果你能不断地给自己积极的暗示,就可以有效地缓解紧张感。比如,演说前可以暗示自己:"今天听众都是熟悉的人,没必要紧张。""我做了充分的准备,一定能讲好。""我的口才很棒,大家一定能听到我精彩的演说。"通过这样的暗示,可以有效地消除紧张和恐惧感。

③注意力转移法。

在大型的演说会场，面对成百上千人的注视，演说者感到紧张、恐惧是很正常的。这个时候，最好的办法是把注意力从听众身上转移到演说的内容上，专注地去演说。当然，其间我们还要适当与听众进行眼神交流。比如，将视线转移到那些满脸微笑，正在认真听演说的听众身上，这样可以缓解恐惧感。

2. 了解怯场的原因并设法消除它们

在笔者做各类演说培训的过程中，经常听到学员表达出这样的烦恼："上台之前，我明明已经将演说稿背得滚瓜烂熟，可是只要我站在台上，头脑就一片空白。我明显感觉到全场的眼睛都盯着我看，会场的空调就像失灵了一样，我也不由得烦躁起来。终于，我鼓足勇气说出了第一句话，却发现自己的声音在颤抖，音量小得似乎只有自己听得到。我有点稀里糊涂，自己讲了什么都不知道……下台后，我好像走出了鬼门关，不由得长舒一口气。我觉得公众演说真是受罪，我发誓以后再也不上台受这罪了。"

这就是怯场的典型表现。不知道有多少人有过类似的体验，也不知道你是否清楚，到底是什么原因造成了你在演说时怯场。据笔者多年的经验总结，造成怯场的原因不外乎 8 种（图1-2）：

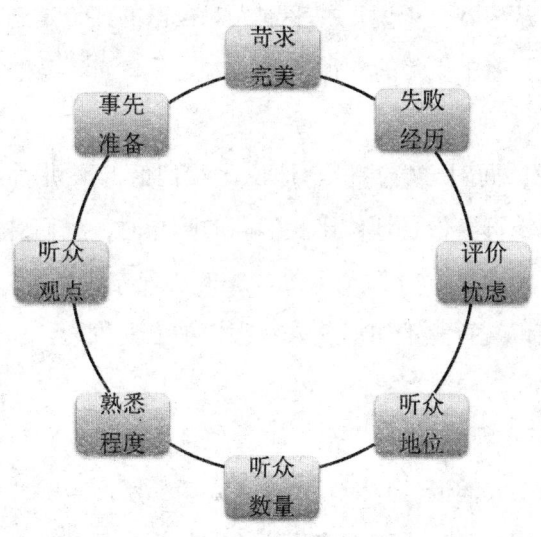

图1-2 造成演说怯场的8种原因

原因1：苛求完美

有完美倾向的人总爱苛求自己，总是要求自己做到100分，他们在演说时的心态是：我必须做出精彩的演说，让大家都对我刮目相看，都欣赏我。因此，我不能出一丁点差错，哪怕说错了一个词都是不允许的。这样就会给自己制造严重的心理压力，背上心理包袱。有些人为了避免自己良好的形象在演说中受损，干脆拒绝演说，逃避当众说话。

原因2：失败经历

有些人演说时怯场，与他们曾经的失败演说经历有很大关系。比如，曾经当众发言被人嘲笑，被人反驳，弄得自己很尴尬。每当要演说时，一想起那段经历，就害怕旧戏重演。于是，不由自主地心生胆怯。

原因3：评价忧虑

现代心理学认为，在任何存在评价的场合，人都很难发挥原有的水平。在演说中，由于评价是单向的，演说者在明处，被听众"裁判"，因此演说者会有很重的心理负担。这是造成胆怯心理的最主要原因之一。事实上，从根本上来说，在乎别人对自己的评价是一种较强的自尊心的表现，也是追求完美的一种表现。

原因4：听众地位

通常来说，面对一群身份、地位比我们低的人讲话，我们会比较自信。而面对一群身份、地位比我们高的听众时，我们讲话就会感到有压力，会变得紧张。一方面是评价忧虑的心理在作祟；另一方面是我们觉得自己的知识、智慧不如那些人，害怕被人评价为"在关公面前耍大刀"。

原因5：听众数量

面对2000个人演说，与面对20个人讲话，所产生的"焦虑等级"显然是不同的。因为一旦出错或表现不佳，就一下子被那么多人知道，演说者就会非常谨慎。这种谨慎会加重怯场心理。

原因6：熟悉程度

一般来说，人们在熟人面前讲话会比较自然，原因很简单——听众了解你，知道你是个很优秀的人。即使你在台上摔成"狗啃泥"，也不会影响听众对你的客观评价。而在陌生人面前讲话，由于听众对你一无所知，并且会在几分钟甚至十几分钟内对你做评价，你的一言一行都会成为留给听众的第一印象。因此，你会感到紧张。

原因7：听众观点

在演说之前，如果你知道听众的观点和你的观点一致，那么你会对这次演说信心十足。反之，如果你知道听众的观点与你的观点不同，那你就免不了担心自己的观点会引起听众的不满和反驳，并且会担心无法说服听众接受你的观点。

原因8：事先准备

如果你对演说有充分的准备，你心里就会有底。反之，你会觉得演说有很多未知数，觉得有出丑的可能，那么你就很可能畏首畏尾。而一旦真的发生了意外，你会惊慌失措，不知道如何应对，这又会加剧你的怯场心理。

综合以上原因，你会发现：苛求完美、失败经历、评价忧虑等可以通过心态调节来加以化解；听众地位、听众数量、听众观点等是我们很难左右的，只能去适应；熟悉程度、事先准备则可以通过认真准备加以弥补（图1-3）。

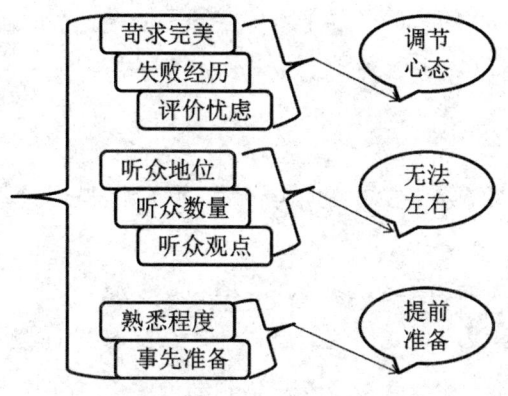

图1-3　怯场原因归类并应对

（1）放弃完美心态，忘记失败经历，淡化评价忧虑

金无足赤，人无完人。演说者在台上的讲话不可能做到完美，也不可能赢得听众们100%的好评。这就好比购物网站上的商品评价，再好的商品也有买家给差评。所以，我们没必要苛求自己，无形中给自己制造压力。至于失败的演说经历，我们要学会淡忘，学会调整自己的心态。

笔者的学员中，有个做服装生意的老板，他一上台两条腿就开始发抖，手里拿着话筒勉强站一会儿，说不了几句就下台了。针对这种情况，笔者给他剖析，问他为什么害怕演说。他仔细回忆，觉得是上大学时的一次演说经历在他内心留下了阴影。记得那一次，他在课堂上发表自己的观点，原以为会得到大家的赞赏，但结果却遭到了大家的嘲讽。从那以后，他对当众演说就产生了害怕心理。

根源找到了，接下来问题就很好解决。笔者问他："你当众演说最怕遇到什么情况？"他说最怕别人笑话他。笔者就对他说："没事的，只要你被别人笑话几次，你就会慢慢习惯的，人活在世，不就是被别人笑话，然后再去笑话别人吗？谁没有被人笑话过呢？我也被人笑话过，我就无所谓！"在笔者的开导下，他打开了心结，后来他成了一个在公众面前侃侃而谈的企业老板。

（2）提前到场，熟悉演说环境，和听众做些简单交流

经常有演说者掐着点到场甚至会迟到，然后匆匆忙忙地冲进会场，喘着粗气开始演说。这时候他的身体还处在赶时间的紧张状态中，这种焦虑心理得不到缓冲，就很容易转移到演说中去。演说者误以为自己是因为演说紧张，结果越讲越糟糕。如果能够提前到场，熟悉演说环境，从容地登台演说，那么演说效果往往是不一样的。

提前到场还有一个好处，就是可以和到场的听众做些简单的交流，了解他们从哪里来，从事什么职业，对演说有什么期待等。这样你不仅可以了解听众，还可以与听众建立初级联系，达到熟悉听众的目的。上台之后，当你看到这些你接触过的听众，看到他们熟悉的面容，你怯场的心理也会得到缓解。

3. 必要的基本训练助你提升自信心

古今中外，那些口若悬河的演说家，那些能言善辩的雄辩家，无一不是靠刻苦训练而成就自我的。刻苦训练不仅能让我们拥有良好的演说基本功，更重要的是，当我们拥有了过硬的基本功后，我们对自己的演说能力有信心了，在演说时就不会那么紧张和恐惧。所以说，必要的基本功训练对演说非常重要。

美国前总统林肯为了练习口才，经常徒步30英里，去一个法院旁听律师的辩护词。看他们如何摆事实、说观点，看他们辩论时怎样做手势。他边听边做笔记，还趁机模仿。在回去的路上，他对着路边的大树、玉米田忘我地练习口才。

德摩斯梯尼天生口吃，嗓音微弱而低沉，说话时还有耸肩的坏习惯。在常人看来，他没有丝毫的演说家天赋。因为在当时的雅典，出色的演说家必须声音洪亮，发音清晰，姿态优美。

为了成为卓越的演说家，德摩斯梯尼付出了超出常人能够想象到的努力。他把小石子含在嘴里朗读，迎着大风和波涛讲话，以改进发音；他一边在陡峭的山路上攀登，一边不停地吟诗，以改正说话气短的毛病；他在头顶上悬挂一柄剑，或悬挂一把铁叉，以改掉说话耸肩的坏习惯。

此外，德摩斯梯尼还努力提高自己的政治、文学修养。他研究古希腊的诗歌、神话，背诵优秀的悲剧和喜剧，探讨著名历史学家的文体和风格。每次大演说家柏拉图做演说时，德摩斯梯尼都会去听，并用心琢磨大师的演说技巧。

经过十多年用心磨炼，德摩斯梯尼终于成为古雅典杰出的雄辩家。他的著名政治演说为他建立了不朽的声誉；他的演说词结集出版，成为当时雄辩术的典范；他在台上从容自信的谈吐，打动了千万个听众。

刻苦钻研是一种优秀的学习精神，是提升演说能力不可或缺的意志品质。在学习演说的过程中，我们不但要广泛积累知识，还要不断练习演说的方法。如此，我们肚子里才有"货"可讲，才能讲出好的效果。

下面，我们就来介绍几种必不可少的演说基本功训练，以提升演说的硬实力。

（1）发声练习

演说靠的是一张嘴，如果嗓音不好听，那演说效果也就好不到哪里去。也许你认为自己天生没有一副好嗓音，认为上台演说就是去出洋相的，会让自己很难看，还会给别人留下不好的印象。正因为这样，他们才会逃避当众讲话。但是，正因为如此，我们才有必要练习发音，锤炼嗓音。具体来说，可以从以下几点去练习发声（图1-4）：

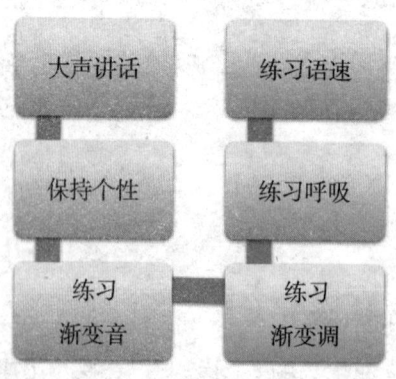

图1-4 发声练习的6个要点

①大声讲话。

提到美国前总统西奥多·罗斯福，很多人对他的评价是"伟大而富有建树"。但是，很少有人知道，他年少时因在班里作自我介绍时吐字不清而苦恼。有一次，罗斯福上台之后就出现了口吃，他说："我……我叫……西奥多·罗斯福，很……很高兴认识大……大家……"

由于这个开场白太糟糕，很多同学都嘲笑他。为此，他制订了非常具体的训练方法，而第一步就是在众人面前大声讲话。他不顾同学的嘲笑，坚持训练，最后，他克服了口吃，声音洪亮而高昂。

想要成为出色的演说者，你必须有洪亮的嗓音，保证别人能够听清你的演说，这是决定演说效果的第一要素。所以，无论你的嗓音好不好听，你都要大声说话，确保声音洪亮，这是有自信和有底气的表现。

②保持个性。

我们不鼓励大家去模仿某位演说家的嗓音，而希望大家保持个性的发音。看看那些著名的演员或演说家，他们的嗓音都比较独特、有个性。也许他们的嗓音不那么动听，但依然自信地表达，这丝毫不影响他们演说的吸引力。所以，你要对自己的嗓音有信心，因为信心是最动听的"嗓音"。

当然，如果你的声音过于独特，以至于影响到信息的传达，那就有必要练习和纠正了。德摩斯梯尼就是这方面的例子。比如，声音不要过尖、过高，因为过尖、过高的声音，会给人压力，让人听着不舒服；尾音不要过低，因为别人听不见；发音要清晰，不要含糊，切勿用鼻音说话。

③练习渐变音。

演说的时候，我们不能一个音量保持到底，而应该有音量的大与小、硬与柔、高与低的变化。在什么地方应该放低音量？在什么地方应该提高音量？在什么地方应该保持轻柔的音量？在什么地方应该发出高亢的音量？

可以从一开始保持轻柔的发音，然后逐渐增强音量，直到发出高亢的声音，这叫作渐强音。而一开始保持较高的音量，慢慢降低音量，直到讲到低潮处，发出低沉的声音，这叫渐弱音。这几种音调的变化是需要练习的。

④练习渐变调。

演说时，音调的变化是表情达意的有效策略。音调指的是你声音的调子有多高或多低，它是衡量说话者情绪的一个关键指标。讲话时，通过自然地降低音调，可以展示自信、权力和力量。以较低的音调说话，且音调变化不大，可以让你看起来像个权威人士。

音调无所谓对错，唯一的错误是你没有根据所演说的内容、所表达的情绪灵活调整。持续的高音调会让你的演说失去影响力、变得令人厌烦，持续的低音调会释放出缺乏温情和感触的信号，让你的演说失去感染力。

⑤练习呼吸。

呼吸与发音密不可分。呼吸急促，发音就会发颤；呼吸太缓慢，发音就会低沉、绵长、毫无激情，让人昏昏欲睡。只有平稳的、顺畅的呼吸，才能保证发音平稳、从容。因此，当你准备演说时，要先让自己身心放松、心跳稳定，确保呼吸平稳顺畅。

你可以这样练习呼吸：把手放在腹部，吸气时，让你的腹部凸出来，感觉是在把你的手向外推，好像腹部装满了空气。这时，膈膜会向下弯曲让氧气到达肺部下方的毛细血管。呼气时，膈膜会向上弯曲，放空肺部的空气。这叫腹部呼吸，是专业歌手和演说家用来支持他们发音的方法。

⑥练习语速。

语速的快慢变化，是一个人说话的节奏。所谓的抑扬顿挫，就是在音调、音量变化的同时，配合语速的变化所达到的效果。因此，在练习语速时，要结合音调和音量来进行，还要根据所讲的情节内容、所表达的感情色彩来灵活调整。

（2）练习方法

在发声练习时，我们可以通过以下几种具体的方式进行。

①大声、有感情地朗读文章。

找一本好书，每天大声、有感情地朗读，以练习吐字、发音的准确性。要根据文章的情节和内容，灵活地调整音调、音量和语速，以达到声情并茂的演说效果。朗读没有时间限制，可以见缝插针式地有时间就朗读一段或一篇文章。

②跟着网络视频、音频中的人物去讲话。

把网络中关于演说的音频、视频作为学习材料，跟着里面的人物进行讲话，以练习演说基本功。同时，注意学习里面的人物神态、肢体动作，慢慢地领会，并灵活地运用，以提高自己表情达意的水平。比如，强化重点时，运用怎样的手势；表达疑问时，用怎样的手势和怎样的神态。

③练习讲故事的能力。

给家人或孩子讲故事，以锻炼你的语言组织能力，讲故事时，要特别注意运用音调、音量、节奏的变化，以达到制造悬念、强化重点、表达情感等作用。比如，讲到重要的内容时，要提高音量和语调，这样可以强化重点；讲到悬念处，有意识地降低音调，并加上一个疑问的语气词，这样可以引人好奇；讲到关键处，突然停顿，引人思考，给人想象的空间。

4. 勇敢地迈出去，胆量是练出来的

经常有学员这样对笔者说："张老师，我害怕当众讲话，是因为我没有这方面的天赋。"笔者并不认同这样的观点，一个人不善于当众讲话，只是因为缺少锻炼。绝大多数人从小学到大学，都没有上过专门的"演说培训课"，课堂上锻炼当众讲话能力的机会也不多。踏入社会之后，有当众讲话的机会又选择逃避，当众讲话的能力还是得不到锻炼。

半年前，笔者参加了一家制药公司新实验室的落成典礼。在典礼上，研发部主任的三名得力下属都进行了发言，讲述了他们正在研究的新抗生素，研究缓解紧张的新镇静剂。而且这些药品在动物身上做了实验，结果令人非常满意。

"真是奇迹，"一位官员对研发部主任说，"你的手下太出色了，他们简直是魔术师。不过，为什么你不讲话呢？"

"我只能私下一对一讲话，不敢面对众人讲话。"研发部主任说。

就在这时，一旁的另一位官员说："我们还没有听到研发部主任讲话，他不喜欢发表正式演说，那我们就请他简单跟大家说几句，好不好？"

此言一出，现场掌声雷动。

但无论大家怎么鼓励，无论掌声多么热烈，研发部主任始终以"我没有准备""我不擅长当众讲话"为由，拒绝了大家的盛情邀请。

不敢迈出去，不敢上台，就会错失很多练习的机会。演说是一种能力，和任何一种能力一样，只有通过专门的训练才能娴熟地运用。如果

缺少锻炼，再加上性格内向、自卑、害羞等因素，害怕当众讲话当然是难免的。如果你经常去锻炼，并让自己习惯于当众讲话，那结果肯定大不一样。

曾经有人问萧伯纳："你是怎么学会声势夺人地进行演说的？"

萧伯纳说："我是以自己学会溜冰的方法来做的——我使劲让自己出丑，直到我习以为常。"

年轻时，萧伯纳十分胆小害羞。有人看见他在防波堤上徘徊20多分钟，才鼓起勇气去敲人家的门。萧伯纳亲口承认，很少有人像他那样因胆小而痛苦，因胆小而感到羞耻。

后来，他下定决心改变胆怯的毛病，于是，加入了一个辩论学会。只要伦敦有公众讨论的聚会，他必定参加。在这个过程中，他有过很多出丑的经历，但随着他的胆怯心理慢慢消除，他也成长为20世纪最自信、最出色的演说家之一。

当众讲话的演说能力不是天生的，需要抓住一切机会练习。在笔者的演说培训课堂上，经常向学员们强调：演说的真谛在于训练和实战，有机会就要敢于上台，因为敢讲是会讲的第一步。对于上台演说就紧张的人来说，敢讲比会讲更重要。有机会要抓住机会讲，没有机会要创造机会去讲。

特别要注意的是，演说练习不能只是私下偷偷练习，而要在众人面前光明正大地练习，比如，大方地邀请家人、邻居、亲戚、朋友来家里聚会，然后当众发表讲话。讲得不好没关系，出丑了也不要紧，重要的是你得勇敢地迈出这一步，这样的练习多了，你就会习惯于当众讲话。

许多著名的演说家初次登台时也会心口发慌，两腿发抖。古罗马的雄辩家西塞罗曾在一次演说后说："演说一开始，我就感到自己面色苍白，四肢和整个心灵都在颤抖。"但是后来他成了一名杰出的演说家，靠的就是不断地练习，勇敢地当众讲话。

（1）不论什么场合，都要抓住发声的机会

无论是参加公司的大会议，还是参加部门的小会议，很多人都会这么认为："我的意见可能没有价值，如果说出来会被人笑话，会显得我很愚蠢，我最好保持沉默。""还是让别人先说吧，别人懂的比我多，我可不想让别人看到我的无知。"

会议上的沉默者，内心缺少信心和勇气。随着不发言次数的增多，他们就越发丧失自信和勇气。从积极的角度来看，只有多发声，才能增强自信，下一次才更有勇气站起来讲话。所以，敢于发声是信心的"维他命"。

其实，不论什么性质的会议，你都有主动发声的机会。或提出建议，或表达想法，或对他人的观点表达认同。比如，当公众聚会时，在别人讲话后，你站起来说句："讲得很好，掌声在哪里！"然后带头鼓掌，营造气氛。

再比如，在公司的会议上，你听完别人的发言，可以说："刚才听了老张的讲话，我觉得他的观点很有道理，我比较赞同。另外，我还有一点想法……"先认同别人，再提出异议，会让你的想法更容易被接受。

除了抓住当众讲的机会，你还可以主动创造当众讲话的机会。这意味着你要主动参与，甚至要发起公众活动。比如，参加户外活动，召集微信群的朋友开展某个活动，这样你就有机会当众讲话了。

（2）不论是否有准备，都要勇敢地当众讲话

在被邀请即兴发言时，有些人经常这样说："如果提前准备，我不

会觉得有丝毫困难，可我毫无准备，我真不知道该说什么！"这句话听起来是有道理的。只可惜，有些当众讲话的机会是不给你准备时间的，它们可能突然降临，如果你勇敢地把握，说不定会成为你人生进阶的一次良机。如果你放弃它，就意味着失去了一次练习当众讲话的机会。

　　为了让你的即兴演说保持较高的水准，你最好有意识地锻炼即兴演说的能力。《美国杂志》中曾描述了一种益智游戏。几个人各在一张小纸条上写下一个主题，然后把纸条折起来，混在一块儿。然后，轮流抽签，抽到什么主题，就马上站起来针对这个主题发表1分钟的演说。

　　通过玩这个游戏，可以使我们的大脑变得灵活起来，促使我们对各类题目产生更多的想法。更有用的是，这个游戏能够促使我们在短时间内根据自己的知识和思想，快速收集演说的素材。

　　这个游戏是笔者演说培训课堂中的"老朋友"，笔者经常让学员玩这个游戏，以培养他们的即兴演说能力。经验告诉我们，这种练习有两个作用：一是增强学员即兴演说的兴趣；二是使他们在做有准备的演说时更加从容，更有信心。

5. 降低期望值，别给自己制造压力

　　一位年轻的作家初到纽约，马克·吐温请他吃饭，饭局上还有30多位达官显贵。临入席的时候，年轻作家魂不守舍，浑身都发起抖来。

　　"你哪里不舒服吗？"马克·吐温问。

　　"我怕得要命，"年轻作家说，"我知道等会儿他们肯定会让我发言，可是实在不知道说什么，一想起等会儿我可能要出丑，我就心神不

宁。"

"呵呵，你不用害怕，我只想告诉你——他们有可能会请你讲话，但任何人都不指望你有什么惊人的言论。"

马克·吐温这句话表面上看是对年轻作家的不敬，实际上，是在提醒对方别给自己制造压力。这句话对很多害怕公众演说的人是非常有效的提醒。

笔者的许多学员是企业老板或管理者，他们在专业领域内具备出色的能力，取得了了不起的成就。当他们要做演说时，就会对自己有很高的期望，想表现得超乎完美或与众不同，给人留下良好的印象。然而，这恰恰是压力和恐惧的来源，导致他们在演说时过于在意听众的反应和评价，表现得束手束脚。

还有一些人片面夸大了演说的意义，甚至把某一次演说与个人终生的成就、事业紧紧地联系起来。演说之日还未到来，就已经惶惶不可终日。带着如此强烈的求胜动机和沉重的心理负担去准备一场演说，只会让自己的焦虑情绪越积越强烈。到了需要发挥的时候，反而事与愿违。

再看看那些优秀的演说者，他们往往不会把演说看得多么重要，也不会给自己一个不切实际的期望。在他们眼里，演说就像日常聊天一样寻常，因此总能在轻松的状态下完成。所以，一定要端正演说的动机，认清演说的目的，切勿把演说看得过于隆重。不给自己制造压力，让自己轻装上阵，这才是演说最需要的正常心态。

怎样才能保持正常的演说心态，避免给自己制造心理压力呢？建议记住以下几句话，并在演说之前和演说中提醒自己。

（1）演说就是表达想法，没你想的那么正式

人类在沟通情感、表达想法时有两种语言，一种是书面语，另一种

是口头语。书面语要借助于纸和笔,借助于网络媒介,比如,将"我要告别演说恐惧"写在纸上,别人一看就能明白。口头语借助于嘴巴,比如,将"我要告别演说恐惧"说出来,别人一听就能明白。

演说就是口头的表达形式,不过是把你的想法表达出来,根本没你想的那么正式。你完全可以把演说当成一次茶余饭后的闲谈,把你的想法、观点、态度分享给听众。就像一位华为集团的华东区域经理,在给新业务员做演说时,他是这样说的:

各位伙伴:大家上午好!八年前,我和你们一样,也是一名普通的业务员,经过几年的锻炼后,我现在已经是一名大区经理,管理着华东区域的销售业务。今天,我想跟大家分享的话题是:如何从一名业务员成长为一名区域经理?相信我的分享能给大家带去启发,对工作有所帮助,八年后甚至更短的时间后,你们比我更优秀……

当你抱着表达想法、分享想法的心态去演说时,你就会轻松很多。你完全可以用简单的语句表达自己,而不需要咬文嚼字。你也不必担心自己演说的内容不好,无法影响到听众,无法说服听众。你只是说了自己的想法而已,至于其他你并不在意。

(2)专注于你要讲的内容,而非听众的反应

人的大脑在同一时间处理的信息是有限的,如果你在演说的同时,大脑还想着听众的反应、评价,并通过听众的表情变化去猜测他们的想法,那么你在演说时就很容易走神。听众的微妙举动,都会影响到你的情绪。而实际上,你永远猜不到别人在想什么,听众的面部表情也无法反映出他们对你演说的评价。所以,你应该专注于要讲的内容,而非听众的反应。

①专注地演说,不关心听众的反应。就像你坐在底下听别人发言,

你如何看待别人，实际上别人也是这样看待你的。

②放平心态，别高看自己，你只是一个普通人。事实上，听众也是普通人，即使他们的地位比你高、成就比你大，但他们不一定像你这么有想法。既然都是普通人，那就没必要害怕，说普通人常说的话，说普通人能听懂的话。

③不要期望通过演说把自己的优点展现出来。记住，你只是在表达想法，而不是在展示自己的优点。

④面子不值钱，追求完美毫无必要，因为你本身就是不完美的。所以，就算出丑了，也很正常，它不会让你失去什么。

6. 用"假装法"让自己看起来镇定

一个不爱干净的人被妻子要求讲卫生，于是他只好假装爱干净。没想到假装久了，他真的变成讲卫生的人。一个利欲熏心的商人被朋友一次又一次地拉着去捐款扶贫，他不好意思被朋友说成是"没爱心的人"，只好假装很有爱心地捐出一些钱财。没想到假装久了，他真的变成有爱心的人。

心理学上有这样一种理论：你想成为什么样的人，不妨先假装是那样的人。时间久了，你真的会成为那样的人。其实这是一种积极的心理暗示，也是自我潜能激发的方法，更是想象的力量，这种力量超乎你的想象。

同理，如果你想成为自信的演说家，那你不妨假装自己就是那样的人——镇定自若，没有丝毫的慌乱和紧张；淡定从容，自信地侃侃而谈；善于控场，敢于与听众对视，并传递你的微笑。每次登台演说，你都这样去假装，久而久之，你很可能就会梦想成真。

美国第26任总统西奥多·罗斯福，小时候是个体弱而又笨拙的孩子，他曾对自己的能力缺乏自信。但他不惧艰辛地训练自己，训练自己的身体，还有灵魂和精神。有一次，他在马利埃特的书里读到了这样一个故事：

一艘小型英国军舰的舰长，在讲述自己是怎样做到气宇轩昂、无所畏惧时说："刚开始的时候，每个人想有所行动时都会害怕。但我们应该学会驾驭自己，让自己表现得好像一点儿都不害怕。这样持之以恒，原先的假装就会变成事实，我就是凭借练习这种无畏的精神，在不知不觉中变成了真正无所畏惧的勇者。"

罗斯福表示，这就是他训练自己的理论依据。一开始，让他害怕的事情真多，从大灰熊到野马，还有枪手，特别是公众演说，没有他不怕的，可是他总是故意装出不怕的样子。慢慢地，他就不再感到害怕。

我们也可以通过"假装"来战胜当众讲话的恐惧，这需要掌握一些正确的方法。

（1）假装自己特别喜欢当众讲话

当你走到公众面前，走上台前，你可以告诉大家："我是个很爱当众讲话的人，我迫不及待地想跟大家分享我的想法。"而不是在心里说："天啊，我该怎么办啊？我该讲什么呢？我好害怕啊！"

（2）假装很轻松，把身体姿态打开

人在紧张的时候，身体姿态会显得拘谨，给人的感觉是手脚放不

开，这是演说的大忌，你可以假装很轻松，让步幅增大一点，让手的摆动舒展一些。你甚至可以在心里想象一下：当你面对欠你钱的人时，你的心理状态是怎样的？是不是很轻松，有一种心理优势？这样想象可以帮你放松心态。

（3）演说初期语速要适当放慢一些

人在演说时，一旦内心紧张，就会不自觉地加快语速，恨不得快点把话说完，赶紧逃离这个令自己恐惧的场合。于是，我们看到很多人上台后，像打机关枪一样说个不停。这显然不是从容的演说者形象。

你要做的是，在演说开始的前3分钟一定试着放慢自己的语速，并通过增加一些停顿来达到强调重点的效果。当你出错时，也要注意控制语速。很多人说错了话，讲话的节奏就乱了。殊不知，这时越着急讲话，就越容易出错。

（4）与态度友好的观众进行眼神交流

当你在台上面对一群观众时，你会在观众中发现一些"态度友好的观众"。他们的特征是脸上挂着温暖的微笑，像老朋友一样冲你不停地点头，以表达对你所讲的观点的认同。

如果你面对的观众较多，你可以将他们分为四个区域，如图1—5所示。然后，试着在每个区域找一两个"友好的观众"，把这四个区域当成你关注的焦点。讲话的过程中，眼神在这四个区域慢慢地转移。

第一章 胆识：先战胜自己，再征服听众

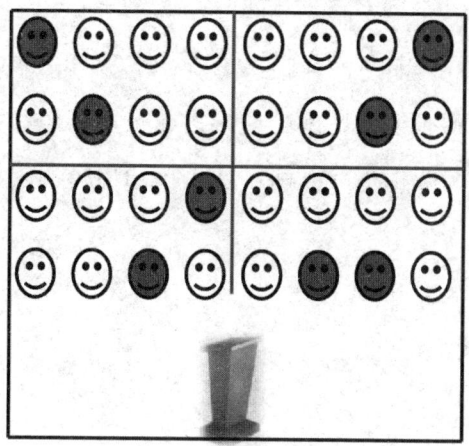

图1-5 眼神关注的区域

需要注意的是，如果你发现有人正在玩手机，你千万别往坏处想，认为对方对你的演说不感兴趣。你应该把事情往好处想，没准人家正在记录你演说中的经典台词呢！如果你看到有的听众昏昏欲睡，那你最好这样想：他们昨晚肯定加班了，今天还能坚持来听我演说，已经很给我面子了。这就是给自己积极的暗示。

（5）不要随便说出致歉的话

现在很多人在演说时，动不动就向听众道歉："对不起，我有些感冒，喉咙有些疼！""哦，抱歉，刚才说的不太准确！"他们认为，向听众道歉是礼貌的表现，却不知，道歉多了，会引起听众的反感。尤其是在无关紧要的事情上，在没有必要道歉的时候道歉，更容易打乱演说的节奏。

在笔者看来，道歉是在做错事时才做的事，我们没有必要为自己的能力不足做托词或假装谦虚，也不能因为自己紧张或准备不足而道歉。因为大部分听众根本没注意到你的紧张，所以，你没必要提醒他们

演说：把你的思想装进别人的脑袋

去注意。

　　笔者的建议是，即使你紧张得思路紊乱，言语不畅，肌肉痉挛得无法控制，你也不必绝望。试着放慢语速，厘清思路，在轻松自如、悄无声息中尽快挽回不利的局面。切不可因出错而手忙脚乱，而说出满嘴歉意的话。

第二章
准备：准备越充分，演说越轻松

在美国著名的人际关系学家戴尔·卡耐基的自传中，有这样一句话："不论是大的，还是小的演说，我都会做精心的、长时间的准备，以确保演说的成功。"俗话说"不打无准备之仗"，充分的准备对当众演说的成败起着至关重要的作用。你准备得越充分，你演说时就会越轻松。

1. 不打无准备之仗，不做无准备的演说

笔者曾经历过这样一次难忘的演说：

在一家钢铁制造厂的分公司成立典礼上，主持人邀请当地一位身份显赫的政府官员讲话。人们都关注着这位高官的发言，但演说开始后，台下的人很快发现，这位高官显然没有做好充分的准备。

他原本只想随兴讲几句，但一开口就卡壳了。于是，他赶紧从口袋里掏出一张褶皱不堪的纸（讲稿）。就在他打开讲稿时，一不小心，讲稿掉到了地上，他只好弯下腰把讲稿捡起来。时间就这样一点点流逝，他双手颤抖、嗓音发沉，有些魂不守舍。最终，他草草讲了几句，就红着脸走下了台。

笔者觉得这是自己所看到的最失败、最尴尬的演说。你真的无法想象当时的场景有多尴尬，在万众瞩目下，他害羞得不知所措。这个例子告诉我们，演说的成功不能缺少事先准备充分的练习。这就像上战场之前，你必须熟练掌握射击的技巧，学会给枪上弹药一样。

经常有学员问笔者："老师，我上台讲话就不受控制地紧张，怎样克服紧张心理呢？"其实，克服演说紧张心理的一个很重要的办法就是，在演说之前做好充分的准备，熟悉你要讲的内容，模拟演练几次，这样在正式演说时，你就不会慌张得不知所云了。

当然，有些人心理素质好，演说时不紧张，而且他们自认为擅长即兴发挥。因此，他们不重视演说前的准备工作。对于这种情况，笔者想说："他们早晚会有同样的尴尬境遇，哪怕他们是社会名人，经常出入

公众场合，出丑也只是个时间问题。"2013年，美国知名演员、导演、制片人朱迪·福斯特获得塞西尔·B.戴米尔奖后，所做的一番演说就充分印证了这一点。

"所以，我要做一段自白，我突然有股冲动，想说一些我从来没机会在公开场合说的内容。所以，要宣布这件事，我其实还有点紧张，但是我的助理现在肯定比我还紧张，对吧，珍妮弗？但是我只是想告诉大家我的想法，对吧？响亮地说出来，对吧，所以我需要你们的支持。

"我是单身，没错，单身。没有啦，我在开玩笑，但是我不是真的在开玩笑，算是半开玩笑吧，我是说，谢谢大家的热情。谁能给我点鼓励？天哪，说真的，大家别失望，我可没准备什么华丽的登台演说，因为早在几千年的石器时代，我就已经等太久了。很久很久之前，那个脆弱的年轻女孩只跟她的朋友、家人和同事倾诉心声，然后慢慢地扩展到每个认识她的人，接着是她遇见的每个人……"

看完这两段讲话，你知道福斯特在讲什么内容吗？反正笔者是无法看懂她的讲话重点。很明显，她并没有为这次讲话做好准备。

这个案例让我们明白：别相信自己能即兴发挥，过于相信自己临场发挥而不做准备，会让你身陷尴尬境地。世界上许多知名的政治领袖、演说家，他们从来不会忽视演说前的准备工作，就连美国前总统克林顿也不例外。

一次，克林顿沟通团队中的一位关键人物透露，克林顿之所以在公众演说中表现出色，秘诀就是充分准备。如果他的日程安排太紧，准备的时间不充足，他的公众演说效果就会受到影响。

曾三次担任美国国务卿的丹尼尔·韦伯斯特说过："未经准备而站在听众面前，无异于裸体示众，而准备了一半，就等于只穿了一半的衣服。"所以，为了让我们在讲话时能够保持从容，还是先"把衣服穿好"吧。

(1)准备讲稿、熟悉内容、勤加练习

一般来说,如果让你做重要的演说,主办方不会临时通知你。即便不是很重要的演说,主办方也会提前告知你,让你有时间针对演说主题去准备讲稿。因此,在演说之前,你应该抓紧时间去准备讲稿、熟悉内容、勤加练习。

①针对演说主题,搜集素材,列出讲稿的大纲,提炼重点,准备讲稿。

②不要逐字逐句地背诵演说稿,因为这不仅会耗费你大量的脑力和时间,而且会让你的演说变得十分机械化。而一旦心理波动,你很可能记不起讲稿内容。所以,主要准备演说提纲就可以了。

③多看、多读几遍讲稿,以达到熟悉演说内容的目的。

④对着镜子,尝试脱稿演说,或对着家人、朋友练习。记得一定要大声讲出来,以检验自己是否能够掌握这些内容,表达是否流畅。

⑤练习时要注意运用眼神和肢体动作。要确保你的肢体动作和眼神自然、放松,能够准确地表情达意。

(2)提前到达演说地点,熟悉现场设备

演说当天,提前到场。这里指的是提前很多,至少提前30分钟到场,熟悉场地设备。

①了解场地布局。

②调试音响设备、试话筒。

③如果你提前很早去现场,可以对着空空的现场演说一遍。

④与较早到场的观众闲聊几句,以了解他们对这次演说的期望、需

求,和他们建立一定的心理联系。

这样开场后,你就会感觉是在自己的地盘上演说,心里会更加踏实,会自信很多。

(3) 对演说中可能出现的问题进行预防

在羽毛球比赛中,对手挥拍击球的瞬间,你就应该判断球的大概落点。如果你等到对手出球后,再根据球的落点去跑位,你就会慢半拍,这会让你陷入被动。演说也是这样,你最好提前对可能出现的问题进行预防。

①听众会针对你的演说提出什么问题?你是否准备好了回答?
②听众对你的演说会有不同看法吗?你如何面对质疑?
③如果演说现场有人故意恶搞,甚至刁难你,你该怎么应对?
④如果会场突然断电,音响设备、话筒等都失效了,你该怎么应对突然的冷场?

对以上几个问题加以思考,在心里准备好预防措施,你对演说会更有把握。而一旦你预防的问题真的出现了,你可以从容地应对。

2. 明确目的:带着目的去演说

你想通过演说达到什么样的目的,得到一个怎样的结果?这是每一次演说之前,你都应该明确的问题。否则,你的演说就会沦为一种信息传递。更糟糕的是,一个人在没有明确演说目的时,往往会不加选择地搜集信息、不加思考地乱讲一通，导致演说主题不清、重点不明，听众根本不知道你想讲什么。

通常来说，一次演说的目的和结果不外乎以下三种（图2－1）：

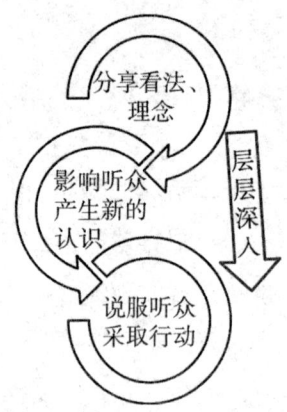

图2－1　演说的三种目的

目的1：跟听众分享某种观点、理念，以影响听众转变观念、开拓思维。

理想结果：听众理解了你的观点，体会到之前未曾体会到的思想、观念、看法，并转变了自己的观念。

我们以一个关于环境保护的演说为例，其目的就是表明对环境污染的态度、呼唤人们重视环保。演说现场，在演讲者的感召下，很多听众的内心受到了震撼，观念受到了影响，思维得到了转变。这就是演说结果。

目的2：通过演说影响听众产生新的认识。

理想结果：听众因为你的这次演说有了新的决定。决定可能是当场做出的，也可能是演说之后的一段时间内做出的。

再以上面这个演说为例，很多听众听了演说者的采访和讲述，当场暗自下定决心要从我做起，保护环境。比如，减少使用汽车的频率，选择环保出行。很多重污染企业以及政府部门官员内心在想：是时候治理污染了，要设法在保证企业发展的同时，减少排污。有了这种想法后，或许演说结束后的某个时间，他们就会做出改变的决定。

目的3：唤醒听众，说服听众采取行动。

理想结果：听众被你的演说打动，采取了行动，甚至当着你的面采取了行动。比如，在产品宣传的演说现场，在你一番热情似火的演说之后，听众纷纷购买你的产品，一些厂家还跟你的公司签订了大额度的产品订购协议。

当然，以上三种演说目的，并不能每次都能达到理想的结果。但无论如何，作为演说者，你都不能忘记带着目的去演说。每次演说时，不妨对照以上三个目的，问一问自己：我这次演说有什么目的，想得到什么样的结果？

关于演说目的，你回答得越具体越好。目标越明确，你演说成功的可能性就越大。比如，你要通过这次演说说服20名听众当场做出购买决定，影响50名听众在演说后的半个月内做出购买决定。这就是一个很明确的演说目标。为了达成这个目标，你要有针对性地准备演说素材。

接下来，我们看看如何确定演说目的，如何带着目的去演说。

（1）目的从何而来——问自己，或者问活动的组织者

没有人会无缘无故地去演说，既然打算演说，那肯定是有目的的。关键是你必须明确这个目的。关于演说，分为两种情况：

情况1：自己发起演说。

如果演说是你自己发起的，那你应该问自己：我这次演说的目的是什么，想达到什么样的结果？为了提出新的理念，还是为了号召人们遵守新法则，还是分享某个有价值的创意？

同时，你还要明确：通过这次演说，要达到什么结果？是传递资

讯，还是推销自己？是化解危机，还是激励听众？是吸引人才，还是招商引资？事实证明，你的目的越清晰，就越容易实现。这就如同"看清靶心，才有可能射中"。

情况2：他人组织活动，邀请你来演说。

你不是演说的发起者，只是重要的参与者。发起者邀请你来演说，给你费用；你受雇于对方，就要为对方办事。对方想通过你的演说达到什么目的？得到什么结果？这个问题你必须与对方沟通。比如，一家企业邀请你来公司做一场演说，那么你事先就应该针对演说主题、演说目的、演说时间等问题与对方沟通，明白对方的意图，你才知道怎样去演说才能让对方满意。

（2）陈述你的目的——把目标陈述出来，记录下来

在明确演说目的之后，你应该用嘴巴将它陈述出来，用笔将它记下来。在陈述和记录演说目的时，尽量避免类似这样的开头："他们将更理解……""我将告诉他们……""他们将明白……""他们将考虑……"这样的开头会让你的目标表述含糊不清。理想的目的和结果应该表述清晰。比如，"演说结束后，客户答应给我提供一笔500万元的投资费用"，这样的表述才具体。

（3）目的应该可实现——演说目的要有实现的可能性

演说目的表述得再清晰，如果毫无实现的可能性，那也是毫无意义的。你必须确保你的演说目的是可以实现的，一次演说不可能让一家濒临倒闭的公司起死回生，但可以让一个消极悲观的团队找回信心，收获激情。所以，你可以把演说目的定为"让团队找回信心和激情"，而非

"让企业起死回生"。

（4）判断目的是否达到——看听众的行为表现，而非你的想象

演说目的是否达到，要看听众的行为表现，而不能由你想当然地认为。如果你的演说目的是宣传、推销产品，说服听众购买产品，你就不能以"这次演说结束，我看到听众微笑地走出会场，很多人表示喜欢我的演说"来判断演说目的已经达成，而要通过演说结束时具体的产品销售量以及演说结束一段时间后的产品销量走势来判断演说是否成功。

3. 定位听众：从听众出发去准备素材

"我听过一场有800名听众的演讲，发言者是机械制造行业的著名工程师，他的演说简直让时间停滞了。"这是笔者的一位朋友跟其讲述的经历。

"为什么说时间停滞了？"笔者发出疑问。

"那位工程师使用一种属于半导体行业的神秘语言，可是听众大多数是机械制造行业的普通员工，因此大家对他的发言不感兴趣，感兴趣的也听不懂。过了1个小时，人们拿出了手机。因为会场光线很暗，他们的手机屏幕发出的亮光，就像是为了纪念那个人的演说而进行的烛光祈祷。"

这真是一次失败的演说。原因在于，演说者不清楚听众是谁，不知

道听众有什么期望和需求,没有据此来定制演说。这一点至关重要,听众是专家与听众是新手,演说内容肯定是不同的。因此,我们必须先了解听众,再针对听众去准备演说素材。

第(1)步:了解听众相关信息

对于演说者来说,在准备一场演说之前,应该了解听众以下信息(图2-2)。

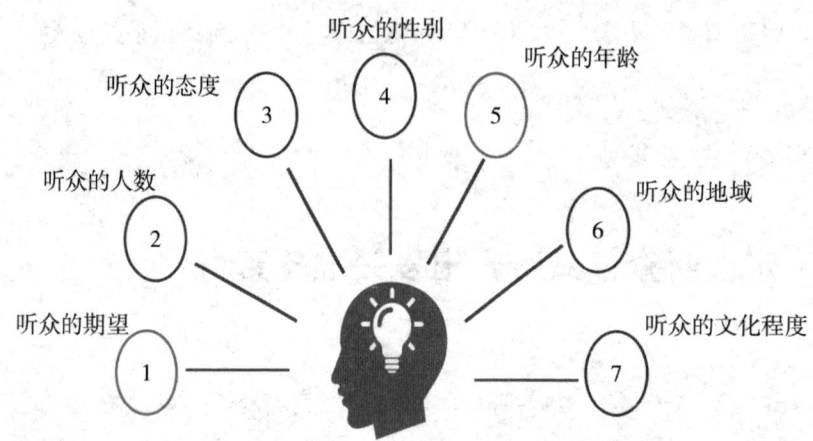

图2-2 演说前应了解的听众信息

(1)听众的期望。

听众出席你的演说,带着怎样的期望和需求而来,这些信息你了解吗?如果你不了解,那结果就可能讲了一堆听众不感兴趣的内容,就像那位工程师讲了一个多小时的半导体,听众却毫不关心一样。

一般来说,听众来听演说,不外乎以下五种情况(图2-3):

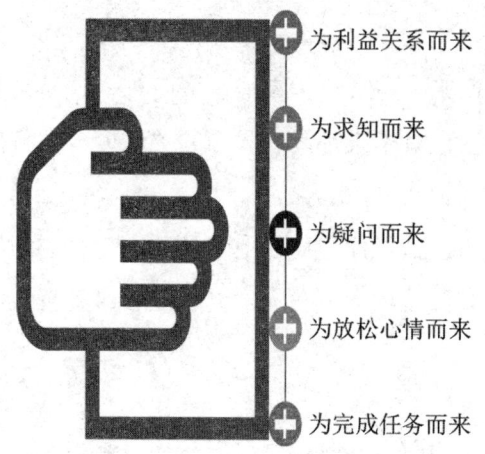

图2-3 听众听演说的五种目的

为利益关系而来——比如，新产品发布会、募资演说、竞聘演说等，都与听众有着利益关系。这种关系可能是直接的，也可能是间接的。大多数人去听演说是为利益关系而来的。带着这种目的出席演说的，对演说内容的关注度是最高的，对演说者本人反而不那么关注。

为求知而来——有些听众出席演说，是为了学习更多的知识。比如，学术讲座、工作技术辅导、见闻类的演说，最容易吸引到这类听众。他们对演说内容的关注是第一位的，对演说者本身并不关心。

为疑问而来——演说内容与听众息息相关，比如，工资调整、人事变动、健康保健，以及答疑类的新闻发布会，都会吸引到这类听众。

以上三类演说，由于听众关心内容本身，因此，你必须确保演说内容充实、逻辑清晰。值得庆幸的是，这类听众一般不会挑剔你的演说技巧。当然，如果你的演说技巧出众，肯定能给听众留下深刻而美好的印象。

为放松心情而来——有些人出席演说，纯粹是为了看热闹、看新奇，或者是因仰慕演说者而来的。常见于社会名流、影视明星、科学家、政治家的演说。听众大多是为了一睹名人风采，带着放松心情的目的而来。

为完成任务而来——所谓为完成任务而来，就是被公司派来的，他们对演说内容和演说者本人都没有太高的关注度，他们出席演说现场，只是为了应付差事。

对于这类听众，如果你想抓住他们的注意力，必须给他们感兴趣的演说内容，并在演说技巧上下功夫。要想征服这类听众，你需要有非常高超的演说水平。

听众的人数。

在准备一场演说时，你必须了解听众的人数。听众是10个人，还是100个人，还是1000个人？这决定了演说是在办公室里，是在会议室里，还是在大会堂？听众数量不同，演说准备的道具也是不同的。比如，你要准备一场1000人的演说，那你不仅要准备麦克风、音响设备，还要准备较大的视觉道具；而对于10个人的小型演说，就没必要准备麦克风了。

听众的态度。

听众的态度如何？听众对演说主题持有什么观点？这些观点与你的观点一致吗？如果一致，你打算怎么表述？如果不一致，你打算怎么说服他们？如果听众对你的演说主题抱有反对和抵触的态度，而你毫不知情，或者不放在心上，你的演说成功的可能性就很小。

如果你知道听众的态度与你的态度不同，那笔者建议你先说你们相同的观点，以与听众建立共鸣。在此基础上，再讲你与听众不同的观点。这种"先认同，后差异"的演说技巧，是化解分歧、达成共识的有效策略。

听众的性别。

听众是男性，还是女性，或是男性居多，还是女性居多？这也会影响你的准备工作。一般来说，男性对语言情景的承受力较强。一些玩笑话可以对男性听众说，未必可以对女性听众说。

听众的年龄。

不同年龄的人，由于经历不同，志趣各异，跟他们说话要把握他们的心理。比如，对健康的中青年听众，说某某人不行了、某某人死了，他们不会觉得不妥。但如果对年龄较大的听众说这些话，肯定会让他们感到不舒服。

听众的地域。

如果演说的听众来自某个地域，你还应该了解那个地域的文化、习俗、语言特点。在演说中，如果你能用几句他们的家乡话和他们沟通，那一定能拉近与他们的心理距离，取得很好的效果。

听众的文化程度。

俗话说："对什么人说什么话。"对高学历的听众，要尽量用书面语讲话；对文化程度较低的听众，要尽量用口语化表达。如果你用书面语或文绉绉的词，听众会觉得不适应，听着觉得别扭。

第（2）步：给演说划定一个范围

了解听众相关的信息之后，我们还应针对演说的主题，思考如何向听众传达这个主题。笔者的经验是，当你确定了演说主题后，应该给这个主题划定一个范围，再根据这个范围去准备素材。

主题要具体。

主题一定要具体，切勿抽象、漫无边际，比如，"公元前500年的雅典战争史"，这样庞大的主题你打算用多长时间讲完呢？三五分钟还不够你介绍雅典城呢，又怎么讲雅典战争史？时间太少，内容太多，泛泛而谈，怎么吸引听众呢？

很多演说无法吸引听众，原因就在于主题太宽泛。要知道，听众的思想在短时间内往往比较集中，但是只能集中在一点或几点上，如果你给听众传达的信息点太多，反而会淹没你的演说主题，最后听众什么都记不住。

内容要真实。

细化主题之后，还应针对主题准备真实的内容。关于这一点，笔者想讲一个故事：

在一次演说培训课上，笔者的学员中有个王老板。课程初期，他的演说主题是描述首都北京。虽然他在北京生活了很多年，却说不出一件与北京相关的事例，他只是枯燥地重复从当地报刊、旅行手册上读来的信息，他没有表达出他为什么喜爱这座城市。他的演说很枯燥，听众们也提不起精神来。

两个星期后，培训班又开展演说练习，王老板这次讲的是小区停车问题。他讲述的是自己亲身经历的事情：有一天，他把新车停放在小区里，第二天早上发现，新车被蹭得乱七八糟，去门卫室调查监控，却被告知监控坏了。这件事倒霉透顶，简直是王老板的切肤之痛，所以当他提起被蹭的新车时，不由得真情流露，懊恼愤怒之情溢于言表。演说结束，听众发自内心地为他热烈鼓掌。

这个故事既说明了演说主题要细化、具体，又说明了演说内容要真实，最好是亲身经历，这样感触才更深，表达才更有感染力。

第（3）步：针对听众准备素材

你站在台上，就要像商人一样，你所讲的内容，就如同商品。要想把你所讲的推销给听众，那必须确保你所讲的是听众感兴趣的。什么样的内容才是听众感兴趣的呢？一般来说，听众会对以下25项内容感兴趣，它们包含了马斯洛各个需求层次所涉及的内容：

赚钱、省钱、节约时间、保持财富、省力；

获得舒适、改善健康、摆脱痛苦、永远安全；

成为时尚、吸引异性、独具风格、远离麻烦；

满足好奇、满足个人爱好、把握机遇、坚守独立；

避免批评、获得赞赏、维护信誉、超越他人；

保护家庭、支配生活、拥有美好、增加快乐。

除了这25项大众比较感兴趣的内容之外，你还要进一步根据听众的兴趣来准备演说素材。包括听众的期望、听众的态度、听众的性别、听众的年龄、听众的地域、听众的文化程度等。

以听众的地域为例，针对听众的地域，你可以学几句相应的方言，在开场时用方言向听众问好。也可以搜集你与听众地域的联系，以讲故事的方式陈述。比如，"20年前，我刚读大学时，就来过你们这里。初次来到这座城市，我的第一感受就是……"这样你就与这个地域建立了联系，就很容易拉近与听众的心理距离。

另外，我们还应搜集一些与主题相关的笑话、幽默小故事、名人逸事等，以丰富演说主题。还应准备一些活跃气氛的爆料，在气氛沉闷时，讲出来活跃一下气氛，给听众送上轻松和欢笑。

4. 设计结构：好的演说结构才能持续吸引听众

你可以用四种方式做一个演说，照着手稿念，或用提示器，或背诵全篇演说稿，或列个演说提纲，根据提纲来演说。但笔者认为：

照着手稿念——技术含量太低，给人死板的印象，严格来说那不叫演说。

用提示器—会让演说变得很官方，会拉开你与听众的距离。

背诵全文—太耗精力、太费脑子，而且有风险，一旦记忆断片，演说就会出现卡壳，再加上内心紧张，可能后续内容瞬间遗忘。

说到这里，相信你已经明白了，笔者推荐你根据提纲来演说。

如果把一次演说视为一段旅途，那么听众就是一群游客，你就是一名导游。对你来说，最重要的是明确旅游观光从什么地方开始，到什么地方结束，旅途中要给听众介绍哪几个重要的、有特色的、听众感兴趣的景点。这才是完整的解说思路，即演说结构设计的思路。

很多顶级的演说都具有侦探小说般的结构设计，演说者一开始就引出问题（观光的起点），激发听众的想象，然后介绍寻求解决方案的过程（介绍有特色的景点），充分满足了听众的好奇心（观光的终点），甚至让听众恍然大悟，突然开窍，或让听众深受启发，明白往日没有明白的道理，或引起听众认同，使听众下定决心做出行动。

我们不妨以本章第二节中所述关于环境保护的演说为例，看看她是如何设计整篇演说结构的。由于这个演说很长，架构很大，笔者画了一个结构图来表现其重要素材，以便于大家看清它的结构（图2-4）。

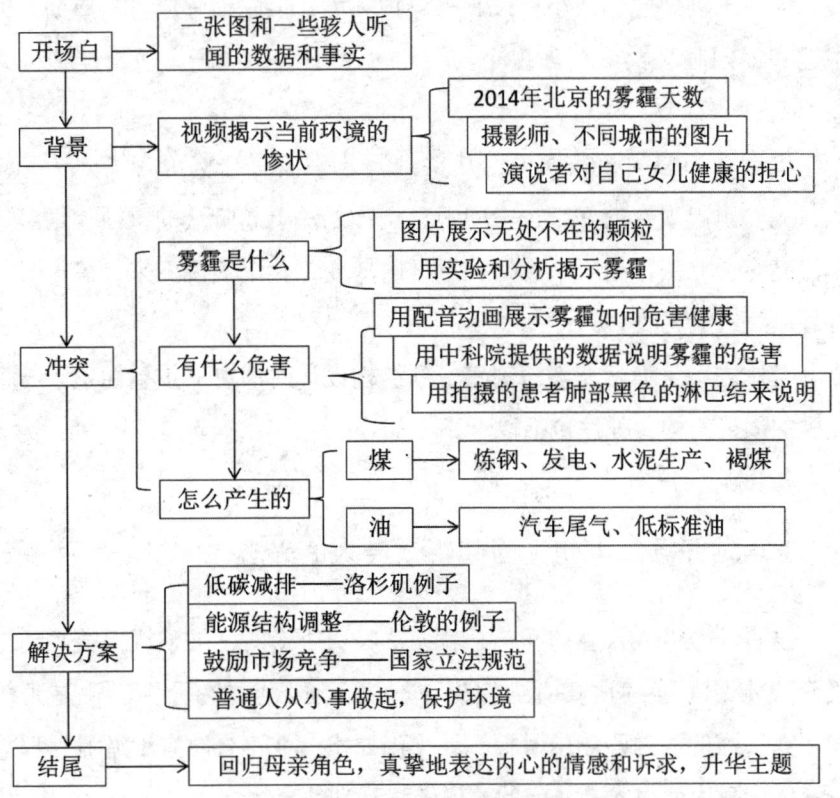

图2-4 某环保演说结构图

通过这张结构图,我们可以感受到演说者的超强逻辑思辨能力。若不是这么清晰的结构,这样充满专业信息且漫长的演说,肯定会让人听着想睡觉。

从全局来看,演说者用的是说服性演说常用的结构,即"背景→冲突→解决"。除了开头和结尾,主体的三个部分之间都有良好的过渡,使得听众能够时刻跟随她的节奏,听起来一点都不混乱。从细节来看,每一个小论点都有充足的论据,既有归纳也有演绎,完全符合金字塔思维原理。

另外,在最后环节,演说者用了一段图文视频呼吁大家从自身做起，从下一刻做起，从小事做起来保护环境，很好地呼应了整篇演说的主题——同呼吸共命运。整个演说给人留下结构清晰、逻辑严谨的印象。

再看看那些失败的演说，从头到尾几乎没有结构可言，开头无亮点，无法引起观众的好奇；中间无重点，无法引起听众的重视；结尾还是没亮点，无法带给听众感悟和思维的转变。整个演说下来，搞得听众昏昏欲睡，毫无收获。

对比之下，你就能够深刻感受到结构设计对演说的重要性了。一个完整的演说结构，往往包括以下三个部分：

（1）巧妙开场，一句话引起听众最大的兴趣

没有一个引人入胜的开头，就无法吸引听众对你的演说保持兴趣。听众决定是否继续认真听你演说，取决于你开头的3分钟演说是否精彩。如果你的演说开场白呆板，或平淡如水，或不合时宜地调侃，那么听众的注意力就很容易从你的演说转移到别的事物上去。

所以，你要精心设计你的演说开场白，要换位思考：如果我是听众，我对什么样的开场白感兴趣？什么样的开场白能够吸引我继续认真听下去？具体如何开场，后文会细致讲解。

（2）主体充实，三个分论点支撑你的演说主题

心理认知学研究表明，当你的演说只有三个论点时，听众是最容易记住的。所以，务必保证你的演说主体是由三个左右的论点组成，以支撑你的演说主题。三个论点，既可以是三个能够说明你的演说主题的要点，也可以是"背景""冲突""解决方案"这三个部分。

总之，你要确保主体部分核心点在三个左右，太多会让听众记不住，也会让你的演说内容显得乱糟糟，核心点太少，则会让你的演说主题缺少说服力。

三个左右的核心点，不多也不少，正好方便你记忆，方便你根据这三点去脱稿演说。

当然，在三个要点之间，你还需要设计好过渡，以便在不中断听众思维的前提下，让听众跟随你的思路去听你演说。

另外，你最好设计几个能够惊掉听众下巴的亮点。这些亮点是如此动人，又让人难忘，既能抓住听众的注意力，又能让听众铭记于心，还能够触发神经学家所说的激昂情绪，即一种强烈的情绪状态，让听众更容易记住你传递的信息并依据其展开行动。

①几句强调主题的话。演说结束后，听众可能记不住太多的内容，但是演说中你反复强调主题的几句话，听众一定会印象深刻。

②几个"抖包袱"的地方。抖包袱是为了调节现场气氛，调动听众的情绪。"包袱"抖得好，听众就会情绪高涨。

③几个煽情的地方。听众是有感情的，当你讲到情深之处时，就该抓住时机进行煽情，以引起听众的共鸣，感染听众接受你的影响。

（3）结尾深刻，能给听众带去感悟和影响

演说的结尾方式很多，要么铿锵有力，号召听众行动起来；要么柔情似水，轻轻拨动听众脆弱的情感神经；要么呼应主题，升华主题，强化你的主题。总而言之，你的结尾必须深刻动人，能带给听众感悟，能给听众制造影响。具体如何结尾，后文会细致讲解。

5. 提炼价值点：你的演说能给别人带来什么

假设这样一种情境：

你们一行人攀登喜马拉雅山。这天，大家刚准备离开营地，就听到轰隆一声巨响。"发生雪崩了！"领队大声对同伴们说，"这种情况大家可能不了解，但是我做领队多年，上次登山时我们也遇上了雪崩，我所带的队伍是唯一一支所有人都活下来的。大家不要慌，要想活下去，就听我的……"

请问："接下来领队说的话，你会不会认真听？"你肯定会非常认真地听。因为他的话能够满足你的求生需求。演说也是这个道理，要想听众认真听你讲，你的话就必须满足他们的某种需求，即你的演说能带给听众什么。

有些人不知道从哪学来的演说技巧，上台就乱喊一通"我要成功，我要成功"。殊不知，你成功或是不成功，跟听众有什么关系？听众根本不关心这些，他们关心的是你讲的内容能带给他们什么好处，能帮他们解决什么问题。

对于听众来说，听你做一次演说就是在用时间与你讲的好处做交易。他们一般会给你两三分钟时间，如果在这个时间内他们没有听到自己想要的好处，他们往往就不会再听了，至少注意力会分散。也就是说，你接下来讲的东西，听众接收不到或接收的质量不好。当然，如果你只是开头戳中了听众的兴趣，然后讲得不着边际，听众也不会对你的演说产生好感。

有一次，笔者参加了一个企业界的会议。有位女士在会上演说，谈的是"新型创业公司怎么发展壮大"。听众对这个话题非常感兴趣，所以特别关注这位女士的发言。可是仅仅过了5分钟，她就开始闲扯，越扯越远，什么也没说清楚。45分钟的发言，她说了67次"你们知道吗"。

为什么讲听众感兴趣的主题，还是不能赢得听众好感呢？因为演说缺少"干货"，泛泛而谈，没有亮点。这就好比你在产品宣传演说上，充满激情地介绍自己的产品功能多么齐全，使用多么方便，价格多么实惠，可是始终拿不出这样的产品，听众岂不是觉得你在忽悠他们吗？

所以，要想演说持续吸引听众，必须确保你的演说对听众是有价值的。而对听众有价值的演说，应该具备以下两点。

（1）演说主题和内容是听众感兴趣的

谈论听众感兴趣的事情，这一点毋庸赘言。也许你会说，你肯定会这么做，但我们也敢肯定，一定有人不知道这么做。一位金融专业人士在一次演说中，面对金融行业的普通员工，讲了一个关于如何调整团队内部组织结构的演说，他告诉听众，这种调整能给客户带来更优质的服务。但听众对这个话题根本不感兴趣，这个话题应该对管理者来讲。

笔者还亲眼目睹了一次演说，演说者发布出去的主题是关于电子邮件市场推广的，但他在演说时却讲起了网页搜索引擎优化。当听众提出疑问："这次演说主题不是关于电子邮件市场推广吗？"演说者却说："我并不想讲电子邮件市场推广的内容，我觉得搜索引擎优化对大家更有帮助。"

接着，他问有多少人有自己的网站。大概50个听众中，只有5个人举手。也许你认为他会回到原来的主题，但并非如此，剩下的45个人不得不听自己不感兴趣的演说。有些人中途离场，但演说者似乎毫不在意。

听众对什么感兴趣，这需要你去了解，去发掘，比如，通过演说前的听众调查，或演说前与听众聊天来了解，也可以在演说中根据听众的反应，灵活调整演说主题。如果演说主题无法调整，你还可以调整演说的角度、侧重点来达到唤起听众兴趣的效果。

（2）让听众明白演说对自己有什么好处

我们经常去超市买东西，是为了满足自己的生活所需，但是买东西要先付钱，也就是要先满足超市的利益需求。钓鱼的时候，你想让鱼上钩，就要先了解鱼喜欢吃蚯蚓，再用蚯蚓作诱饵。演说也是这个道理，你要告诉听众，听你演说会得到什么好处，是能够提高工作能力，还是找到合作机会，还是解决现实问题？

要想确保你的演说能给听众带来实实在在的好处，你先要调查听众是什么职业、从事什么工作、有什么爱好。举个简单的例子，听众是一群爱登山的"驴友"，你却跟他们讲如何在健身房健身，那肯定是对牛弹琴，对方丝毫不会觉得听你的演说有什么好处。如果你跟他们讲如何防范登山过程中的风险，他们肯定会竖起耳朵来听。

6. 着装形象：你打算以何种形象去演说

很多人认为，演说演说，主要是靠一张嘴巴说，语言功底是最重要的。这种理解倒也没错。但重视语言功底的同时,不能忽视非语言信息的传递。而非语言信息主要靠的是仪表、姿态、神情、动作等来传递,这些因素综合起来就是一个人的演说形象。

演说,不仅要用嘴巴说,还要用良好的形象去"演"。正所谓"花好还要绿叶扶",如果把"说"比作红花,"形象"就是绿叶。光会讲,却不会演,那不叫演说,只有将二者融合起来,才能构成完整的演说,才能体现出演说者的风度,给观众留下最佳的印象。

有一次,心理学家雪莱在莫萨立斯特大学挑选了68名学生。他们的相貌、口才及对事物的理解判断能力都非常出众,几乎挑不出毛病,但着装形象却大不相同。68人分别征求4位素不相识的路人的意见,以期得到他们的支持。结果,风度翩翩者的支持率自然高于仪表平平者。

这个实验告诉我们,登台演说时的着装非常重要。心理学上有个"晕轮效应",指一个人给别人的第一印象往往是人们对其作出判断的依据。当我们看到一个着装整洁、姿态得体、表情自然的人登上讲台时,往往认为他是个做事细心、有条有理的人,进而在心里对其产生好感,甚至联想到他有各种出色的才能。

当然,演说者的形象虽然重要,但毕竟是辅助于演说的,因此不能过分雕饰。服装应同演说者的身份相称,与演说主题相符,同演说现场的气氛保持和谐。那种自恃高雅、油头粉面的装束,或一味追求时髦的怪异着装,纵然你有口吐莲花的演说本领,恐怕也难以使人产生钦佩之感。

那么,演说者到底该打造怎样的着装形象,才能给听众留下最佳的第一印象,从而使听众带着对你的好感去听演说呢?如图2—5所示。

图2-5 演说者着装讲究

（1）着装要与演说主题协调

演说者穿什么衣服，不能看自己的心情，而要看演说的主题。

还以前述关于环境保护的那个演说为例，演说者穿的是一件白色上衣，牛仔裤，短发，没有任何多余的配饰，显得非常亲近。给人的感觉，她不是一个记者，也不是学者在发布调研报告，而是一个普通人，是一个妈妈，一个我们身边的人在关心空气污染问题。这样的形象更能拉近与听众的距离，更能打动人。

从衣服的颜色方面来说，不同的颜色代表的寓意是不同的。深色服装给人深沉、庄重之感；浅色服装给人轻松、自然之感；白色服装代表纯洁；蓝色服装使人感到恬静；红色、黄色则使人感到喜庆、热烈、愉快。

从衣服的款式方面来说，不同款式的服装代表的意义也是不同的。

比如，西装给人很正式、很庄重的感觉，休闲装给人轻松自然的感觉，还有各种各样的裙装，所传达的感情色彩也是不同的。

如果演说的主题内容比较严肃，是郑重的，或愤怒的，或哀痛的，那么宜穿深色或黑色服装。如果演说主题内容是轻松欢快的，那么宜穿浅色、鲜艳的服装。如果演说的主题内容没有明显的情感色彩，属于偏中性的主题，那不妨穿休闲装，这样更能给听众亲近感。

（2）着装要与演说者身份协调

什么样身份的人，穿什么样的服装，两者相协调，才能给人美感，才能为演说服务。比如，年轻女性不宜穿得过于暴露或花里胡哨；中年女性不宜穿得珠光宝气、性感妖艳。否则，会引起听众的议论，影响演说效果。

（3）着装要与现场环境协调

演说在什么场合进行，关系到演说者穿什么样的衣服。比如，企业老总去工地上给员工讲话，不宜西装革履、衣冠楚楚，不妨休闲装，甚至一身工作服，这样更能树立亲民形象。女企业家去学校给学生演说，不宜穿得性感暴露、过于艳丽。再比如，单位领导去参加追悼会并要做简短的悼念演说，就不宜穿得过于邋遢，或过于时尚，服装颜色就不能太艳丽。

演说者的着装一定要与现场的环境、气氛、听众所属的群体和谐。为什么有些演说者刚上讲台，下面的听众就开始互相地小声议论，还对演说者指指点点。这很可能是演说者穿得不太符合演说的场合，从而引起听众的不满。

（4）着装要与演说者体态协调

演说者的穿着必须能够体现出整体形象的美感。比如，驼背者不宜穿过紧的上衣，不妨竖起衣服的领子作为掩饰；臀部肥大或外翘者，不宜穿紧身裤，尤其是女性，可穿宽松的长裙作为掩饰。矮胖者不宜穿高领子的服装，否则，会显得更矮，应该穿低领、宽松、深色的服装；矮胖的女性，不宜穿长裙，而应穿短裙或长裤，配上高跟鞋，显得身材更加匀称。

总之，这一点要求演说者穿出自身形体的美感，并通过得体的着装掩饰身材方面的不足。另外，演说者还要注意自己的发型、鞋子的选择，一定要与着装相统一，与演说主体相协调。而且可以适当地搭配饰物，装饰自己的演说形象。比如，演说的主题是"时间管理"，演说者可以佩戴一块手表，这样就与演说主题非常协调了。

7. 酝酿情绪：酝酿与演说主题相符的情绪

人的情绪在演说中发挥着重要的作用，它可以渲染气氛，烘托主题，感染听众。古希腊著名的哲学家亚里士多德曾经说过："一个充满了感情的演说者，常常使听众和他一起感动，哪怕他所说的什么内容都没有。"因此，在演说之前，一定要设法把自己的情绪调整到最佳状态，以饱满的情绪开始你的演说，给听众留下美好的第一印象，让听众对你的演说充满信心和期待。

有时候，你有充足的时间去调动自己的情绪，比如，在演说前几个小时，就可以充分地适应场地，酝酿情绪。但有时候，你突然接到演说任务，要做一次即兴演说，这时酝酿情绪的时间就很少。而且你不但要酝酿出与主题相符的情绪，还要克服紧张心理，这对很多人来说是一个不小的考验。

有一次，日本"经营之圣"稻盛和夫到任天堂公司参观考察。事先，任天堂公司的负责人并没有安排稻盛和夫演说。可是当稻盛和夫参观完准备离开时，对方却乘兴邀请稻盛和夫到生产技术部演说。

面对突如其来的盛情邀请，就算是见过很多大场面、有着出众演说才华的稻盛和夫也感到有些压力。换成一般人，或许会找出很多理由，推掉这次演说，但是稻盛和夫并没有这样做。虽然他事先毫无准备，心里也有些紧张，但他还是接受了邀请。

与此同时，他在心里快速定下演说主题，并积极酝酿与主题相符的情绪。上台后，稻盛和夫丝毫没有紧张感，他轻松自如地为在场人进行演说，不但没有失误，而且演说内容精彩纷呈。

事后，有人问稻盛和夫："你是如何在毫无准备的情况下顺利完成演说的？"稻盛和夫微笑着表示，面对突如其来的演说邀请，很多人都会因为毫无准备而感到紧张。这时，最应该做的就是尽快让自己平静下来，然后迅速酝酿与演说主题相符的情绪。

稻盛和夫的经验之谈看似简单，做起来并不容易。下面，我们就来具体讲一讲，如何在演说之前酝酿出最佳的情绪。

（1）所酝酿的情绪要与演说主题协调

情绪有积极与消极之分，积极的情绪适合在演说正能量的主题时释放出来，消极的情绪则适合在演说悲伤的主题时释放出来。除了积极与消极之分，情绪还有很多种类型，比如，兴奋的情绪、严肃的情绪、愤怒的情绪、忧伤的情绪、悲痛的情绪等。情绪没有对错之分，只有用得对不对，用正确的情绪演说，才能取得好的效果。

在演说时，如果你用愉悦的语气讲严肃的话题，并一脸嬉笑，或用严肃的语气讲轻松的话题，并一脸哀伤，听众会有什么反应？听众肯定会一脸茫然，不知道你到底想表达什么主题。这就是情绪对演说主题及演说效果的影响。因此，在酝酿情绪时，一定要用心。想想有什么好消息、高兴的事情要告诉听众，这样酝酿积极的情绪就会容易得多。

（2）调动你的微笑并享受你的演说

对于大多数演说主题来说，微笑都是不可或缺的绝佳表情。法国作家诺阿诺·葛拉索说过："笑是没有副作用的镇静剂！"它能反映出一个人的内心世界，是自信的标志，是礼貌的象征，也是涵养的外露和情感的体现。在演说中保持微笑，有利于营造融洽的气氛，消除听众的抵触情绪，激发听众的感情。

不管演说者的心情如何、态度怎样、情绪好坏，只要他保持微笑，听众便能立即读懂这种语言，并受到感染。哪怕演说者说了一句讽刺人的话，只要他保持微笑，听众就不会感受到他在讽刺人，而是很自然地认为那是开玩笑。

为了更好地在最短时间内酝酿出微笑情绪，大家平时可以对着镜子练习微笑，每天坚持练习，直到养成微笑的习惯。还可以在演说开始时，采用一些类似"今天很高兴站在这里为大家演说"这样的句子作为演说的开始。当你说这样的话时，你的面部表情会很自然地变成微笑，让你和听众都感到放松。

（3）听适合的音乐，激活最佳情绪

科斯塔斯·卡拉吉奥吉斯是英国伦敦布鲁内尔大学的运动心理学家，他说过："音乐有激发运动的功效。音乐和气味一样，可以渗透到人脑的某些区域，这些区域一般语言是渗透不到的。"

在演说之前，如果听自己喜欢的音乐，可以有效地激活你的情绪。当然，最好是听一些和演说主题相符的音乐。比如，你要做做催人奋进的励志演说，可以在登台之前听一些节奏快的动感舞曲。如果你演说的主题偏向于心态调节，偏向于安静的主题，登台之前可以听一些舒缓的音乐，以酝酿出平静舒缓的情绪。

（4）通过大声喊叫来激活内在情绪

小孩打针的时候，往往都会大声地哭喊。事实上，打针并没有想象中那么痛，为什么小孩哭喊得那么夸张呢？其实，小孩是通过大声喊叫转移自己的紧张和恐惧情绪，从而转移打针造成的疼痛。

在演说之前，为了更好地调动情绪，我们也可以通过喊叫的方式激活内在情绪。只要你能找到合适的场合，保证不影响周围人。大声喊叫不仅可以转移、缓解和消除演说的紧张情绪，还能调动出与演说主题相符的情绪，为演说做好情绪上的准备。

第三章
开场：语出惊人，三言两语撩人心

俗话说："好的开始，是成功的一半。"演说也是这个道理，精彩的开场白能够瞬间抓住人心，立刻吸引听众的注意力，把听众带入你营造的故事情节当中。因此，要想取得一场演说的成功，一定要重视你的开场白，如果你能语出惊人，那么三言两语就可以撩动听众的心，让听众的思绪紧紧追随你。

1. 开场3分钟决定一场演说的成败

英国有句民谚，叫"好的开始是成功的一半"。中国也有句俗语，叫"万事开头难"。前者说的是开头的重要性，后者说的是开头难度大。对演说而言，开场白就是一件既重要又有难度的事情。演说的开头有难度，原因有三（图3-1）。

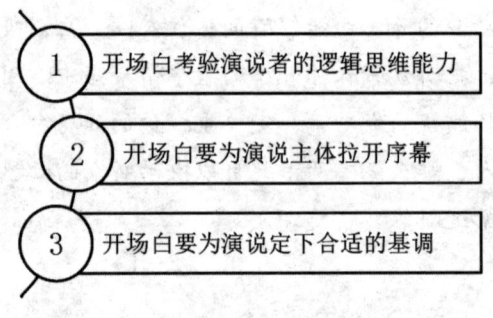

图3-1　开场白有难度的三个原因

第一，开头目的在于梳理纷繁复杂材料的头绪，厘清和抓住演说的脉络，找到说明主题的切入点。这对一个人的逻辑思维能力是极大的考验。

第二，开头不能长，却是演说的有机组成部分，必须成为演说主体部分最自然、最恰当的序幕。

第三，开头要为整个演说定下基调，这个基调既不能定得太高，也不能定得过低。因为基调太高了，底气不足的话，演说不能烘托出主题；基调太低了，演说又达不到鼓舞或说服人心的效果。

曾担任美国西北大学校长的演说家哈洛德·胡认为，在演说中，开场白应该引人注意，一下子抓住听众的心。每次演说之前，都应该精心准备开场白。因为开场白的好与坏，直接决定一场演说的基调，关系到演说者在听众心目中的形象。

世界著名的演说家博恩·崔西曾经说过："人与人之间的沟通往往会产生一个第一印象，也就是说，一个人的开场白进行得好，将可以给人留下深刻印象，但如果一个人的开场白进行得并不顺利，则可能会让人们失去对他的兴趣。这就好比初次见面的异性之间产生爱慕一样，如果在前3分钟里双方都没有什么感觉的话，两个人成为恋人的概率就会非常低。同样的道理，开场白的前3分钟如果不能打动人心，后续的演说也会变得很艰难，即使勉强进行下去，也会让人觉得乏味。"

博恩·崔西强调，开场白也有保质期，不过这个保质期非常短，大概只有3分钟。他从心理学角度分析认为，每个人的心理大门都会暂时开放，但是持续的时间不会很长。如果你能利用这段时间进入别人的内心，不仅可以打动别人，而且会给别人留下深刻的印象。

优秀的演说家或培训讲师都会充分利用这3分钟抓住听众的心。他们非常清楚，一旦错过了这个黄金时间，自己就会处于被动地位。为此，他们会通过有吸引力的开场白控制住听众的情绪和心理，赢得听众的认同与好感。这也就是为什么优秀的演说家总能把握好形势，轻松地打动听众。

多年来，笔者开办过很多次演说培训课程，也经历过很多次公开演说，让笔者感触深刻的开场白有很多种形式，下面就简单列举几种（图3—2）。

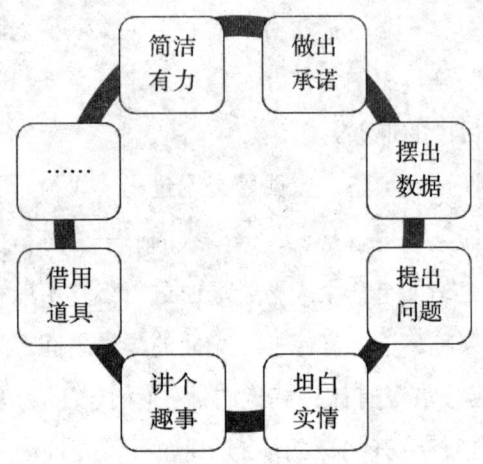

图3-2 精彩开场白的多种形式

（1）简洁有力，一两句话就能引出主题

看过新闻报道的人都知道，优秀的记者往往会把最重要的内容放在第一段。这就是一篇新闻的开场白，它非常简短，但却能够充分吸引读者的注意力，刺激读者继续往下看。

当年，美国与德国的潜艇战出现新问题时，美国总统威尔逊在国会发表演说，他的开场白简短到只有20多个字，却立即引起了全场人的注意："鉴于目前外交关系出现的新变化，我想我有义务向诸位说出实情。"

你看，特别简洁，一下子引出了演说的主题，吸引听众关注下面要讲的内容。

（2）做出承诺，直接告诉听众会获得什么

采用这种方式为演说开场，几乎是没有失败过的。因为人都会关注自己的利益，你开场就向大家承诺"我的演说将会让你们得到什么好

处",谁能不动心呢?举几个简单的例子:

"今天我的演说目的只有一个,那就是要告诉各位怎样防止存款贬值,怎样让手中的财富像滚雪球一样越变越多!"

"今天我站在这里演说,就是要告诉各位如何增加收入!"

"我可以向大家承诺,只要各位听我讲10分钟,你们一定能在未来的三个月内收入增加50%。"

这种"承诺式"的开场白之所以能够引起听众注意,是因为它直接触及了听众的利益。心理学研究表明,听众不太关注演说者感兴趣的事情,只关注与自己利益相关的事情。

(3)摆出数据,用一连串的数据排比开场

直接说概念,听众不太容易理解,但摆出数据,听众就会对演说主题产生概念。在演说开场白中,你可以运用一些客观真实的数据,引出所演说的主题。比如,"截至2016年年末,全世界有一半的人从来都没有打过电话,想象一下这个行业对我们来说有多么大的机遇。""仅有4%的阿拉伯妇女会使用互联网,未来10年之内,中东地区对电脑的需求量大概在4000万台,如此庞大的市场等着大家去抢占。"

(4)提出问题,引发听众开动脑筋思考

在开场白中提出问题,引发听众思考的同时,也可以引出演说的主题。比如,"请问诸位,你们一生中有多少时间花在'等待'上?包括等人、等车、排队等候……""请问谁知道1959年北极熊的数量是多少?现在的数量又是多少?"

（5）坦白实情，拉近与听众的心理距离

每个人都有脆弱的一面，在演说开场白中坦白你的脆弱，更能拉近与听众的心理距离，引起听众的共鸣。比如，"我这个人平生最怕蜘蛛。一天，在公司的会议室里，总裁居然让我收拾角落里的一只蜘蛛，天哪……"在坦白这段实情时，要表现出恐惧的神情和肢体动作，给人一种"真的害怕"的感觉，把听众带入你设置的恐惧情境中，让听众感同身受。

（6）讲个趣事，把听众带入一段往事

每个人都有一些特别的经历，把这些经历与你的演说主题联系起来，并作为开场白讲出来，很容易将听众带入到你的往事之中，让听众对你的演说主题产生兴趣。比如，"10年前，我刚进入这个行业时，和一位名叫路易斯的客户打过交道。他打电话告诉我，如果我们在一周之内不能帮他解决问题，他就要露宿街头了……"

（7）借用道具，给听众直观形象的感觉

在开场白中，借用实物展示，可以给听众直观、形象的感觉，引起听众的注意。实物是什么不重要，重要的是要与演说主题相关。比如，有位演说者在开始演说时，手里拿着一枚硬币，并高高地举起来，然后问大家："有没有人在人行道上捡到过这样的硬币？捡到这样的硬币后，你们又是怎么处理的……"通过这样的开场白，引出了"拾金不昧"这个演说主题。

开场白的形式多种多样，在这里，我们仅仅是简单列举几个。在接下来的小节中，我们将重点介绍几种最常见、最实用的开场白。

2. 自我介绍式开场白：让自我介绍别具一格

在演说中，开场就做自我介绍，是最常见，也是最保险的开场白方式。尤其是当你有点紧张，又不知道第一句该说什么时，不妨通过自我介绍的方式为自己"解围"，告知听众你的身份，让听众对你有最基本的了解。

"大家好，我是史蒂夫·乔布斯。"这是苹果公司联合创始人史蒂夫·乔布斯的一次演说开场白。作为一位赫赫有名的企业精英，其姓甚名谁大家都很清楚，完全不必自我介绍，可乔布斯偏偏反其道而行之。这非常出人意料，也显得对现场观众非常尊重。

等观众的笑声和掌声平息下来后，乔布斯马上直奔主题："1958年，IBM错过了购买一家年轻企业的机会。当时这家企业发明了一项新技术——静电复印技术……"进入主题的速度之快，再次超乎大家的想象。很多人可能觉得，像这样的企业大亨，怎么也要在开场白中讲几句冠冕堂皇的客套话，可乔布斯，再一次让人震惊。

以自我介绍的方式开始演说，算得上是最中规中矩的开场白方式。要想避免落入俗套，就应该做一个既简单又颇具创意的自我介绍，惟妙惟肖地勾勒出演说者的特点，有血有肉，可触可感，才会给听众留下深刻的印象。

怎样才能让自我介绍式开场白出彩呢？不妨看一看下面几个技巧

(图3-3):

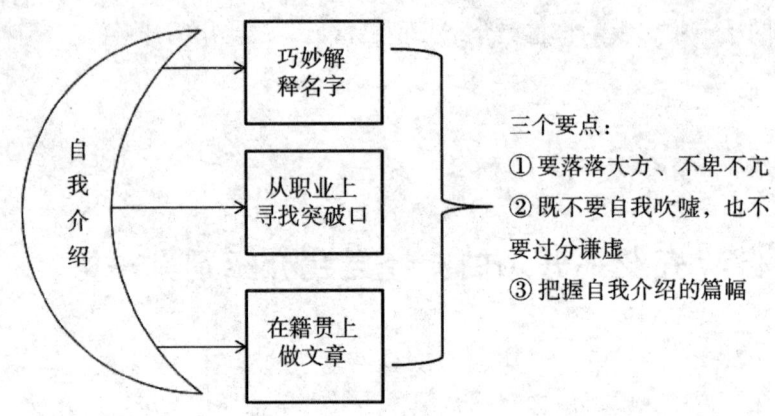

图3-3 自我介绍式开场白的技巧和要点

（1）巧妙解释你的名字

巧妙解释你的名字，方式方法有很多：

①拆字解说，揭示姓名的寓意。

普普通通的名字，通过巧妙地拆字解说，能够瞬间变得寓意深远，让人印象深刻。

"大家好，我是软件工程学院01届的陆远，陆地的'陆'，永远的'远'。这个名字让我时刻铭记父母的教诲，那就是做人要脚踏实地，执着追求，永远进取。今天，作为你们的师哥站在讲台上为大家做演说，我真的感到非常荣幸，相信接下来的内容会让大家喜欢。"这是一位事业有成的企业家在母校15年校庆上的演说开场白，他将"陆远"这两个字拆开解说，让听众感受到了他的名字所蕴含的深刻寓意。

②结合故事，说明姓名来历。

每个人的姓名都是有来历的，比如，谁取的，在什么情况下取的，这都是可以讲出来的故事。当然，故事要简短、有趣。比如，"我的名字叫王雪,是在40年前的冬季,我的爷爷在炉火旁给我取的"。

③设法与名人扯上关系。

比如,"大家好,我叫胡靖,胡歌的胡,郭靖的靖"。这样听众一下子就清楚你的名字是哪两个字了。

④运用谐音法介绍你的名字。

比如,"大家好,我叫吴霞,我要特别解释一下,不是美玉无瑕的那个无瑕,也不是无暇顾及的那个无暇,而是口天吴,朝霞的霞。"

⑤把你的名字解释成一幅图画。

比如,一个名叫赵江雁的男士在演说时这样做自我介绍:"大家好,我叫赵江雁。请大家想象一下,一只大雁在大海上空飞翔,搏击长空,那就是我。请大家记住我的名字——大海上空一只飞翔的大雁。"这样听众的脑海里就会浮现出大雁搏击长空的画面。

巧妙解释名字的自我介绍还有很多具体的技巧,你可以大胆创新,让姓名解释变得与众不同,争取一开场就能给听众留下深刻而美好的印象。

(2)从职业上寻找突破口

自我介绍式开场白并非只是介绍自己的姓名,有时候,我们还可以从职业上寻找突破口。

比如,一位教师在户外兴趣组的聚会上,做了这样一番自我介绍:"我的职业是教师,虽然辛苦,但是作为人类灵魂的工程师,我感到无上光荣。"

再比如,一名计算机工程师,在演说开场白中则可以这样介绍自己:"我是一名虚拟世界的泥瓦匠,别名'网络工程师'。"

每个职业都有一定的特征,充分挖掘你的职业特色,用正面的方式展示自己的职业,往往能给听众留下深刻的印象。

(3) 在籍贯上做文章

在演说开场白中,如果你想介绍自己的籍贯,那你可以大做一番文章。因为每个人的家长都有相应的特色、特点,这就是你的籍贯区别于他人的重要标志。中国历史悠久,几千年的文化精髓完全可以让你拿来给家乡作注。比如,"我来自有着国际小商品市场之称的义乌""我来自鲁迅的故乡绍兴""我来自老革命根据地井冈山",这样就比直接说出你家乡的地名精彩得多。

比如,有位来自辽宁的讲师在演说开场白中说:"大家好,我是……我的家乡在努尔哈赤起兵的地方——辽宁省抚顺市新宾满族自治县。"这个自我介绍就显得比较新颖。还有一位来自广州的演说者,他在自我介绍时,先说的是粤语,然后用普通话解释,这种带有浓郁的地方特色的语言,很容易吸引听众的注意力。

笔者还曾见过有位学员在演说培训课上这样介绍自己,他在开场白里唱了两句歌词:"'蓝蓝的天上白云飘,白云下面马儿跑!'大家好,我是来自内蒙古的……"你看,这样的开场白就非常特别,通过歌声让人联想到内蒙古大草原,让听众知道他的籍贯是内蒙古。

说完了自我介绍式开场白的介绍方式,笔者还想提醒大家,在做自我介绍式开场白时,务必做到以下三点:

①要落落大方、不卑不亢。

在做自我介绍式开场白时,一定要落落大方、不卑不亢。否则,容易给人留下不自信、不可靠的印象。这要求演说者克服紧张、怯场心理,保持身心放松,做到表情、肢体动作自然。记住,要敢于和听众对视,用眼神扫视全场观众,这样才能表现出你的自信和大方。切勿眼神躲闪、飘忽不定。

②既不要自我吹嘘，也不要过分谦虚。

在做自我介绍式开场白时，不要陷入两种极端：一种是自我吹嘘，另一种是过分谦虚。自我吹嘘很容易露马脚，听众很容易识别出来，过分谦虚则显得虚伪或不自信。比较好的做法是，尽量保持自我介绍的客观性，比如，"我喜欢打羽毛球，朋友说我打得不错"。这样就避免了纯主观的自我评价，让听众觉得真实、客观、可信。

③把握自我介绍的篇幅。

有些人在做自我介绍式开场白时，滔滔不绝地讲个没完，这就有点喧宾夺主的味道了。听众很容易产生厌烦情绪，认为你怎么光讲自己，不讲演说内容呢？所以，还是尽量简短为妙，最好控制在三五句话内。

3. 现身说法式开场白：用亲身经历建立信赖感

听众喜欢听故事，尤其是你亲身经历的故事。因此，在演说开场白中，可以讲一个这样的故事，或直接引出演说的主题，或为说明主题设置悬念、埋下伏笔，从而深深吸引听众的注意力。

笔者曾听一位营销专家做过这样一个开场白：

我刚毕业的时候，曾来过内华达州。一天晚上，我在大街上闲逛，看到一群人围着一个站在临时搭建的台子上讲话的人。我感到好奇，就挤进人群中，听到那个人正在说："你们从来也没见过穿裙子的男人吧？也没有见过穿高跟鞋的男人吧？如果男人穿裙子、穿高跟鞋你们会觉得奇怪吗？现在，让我来告诉你们究竟有没有这样的男人，为什么他们穿裙子、穿高跟鞋。"原来，那个人在推销男士裙装、男士增高鞋……

这段开场白没有停顿，也没有任何铺垫，就这么直接地进入事件，这么轻易地把听众带到事件中去了，然后告诉听众男士穿裙子、穿高跟鞋的原因。

以自己亲身体验的故事做开场白是最安全的，因为你的经历是独一无二的，是你记忆深刻的内容。你不必字斟句酌，不必想来想去，可以非常自然地讲述出来，听众会被你讲述经历时的放松姿态感染，会被你的经历反映出来的道理所打动，从而对你以及你演说的主题有一个更深入的了解。

天生残疾的约翰·库缇斯是世界著名的演说大师，他在《别对自己说不可能》的演说中是这样开场的："我出生的那一天，医生就告诉我的父母，我一定会马上死去……"由此，讲述了自己悲惨的人生经历。

在讲述中，听众了解到约翰·库缇斯多次被医生断言一天也活不过去、活不过一个月、活不过一年。可是，台上的库缇斯告诉大家，他的命运不可能被医生言中，不然，就不会有这样一次演说。

在演说中，库缇斯用自己的亲身经历作为例证，说明"没有不可能"这个主题，让现场的听众为之动容。其中，一名原本打算自杀的女士听了他的演说后，放弃了自杀的念头。她告诉库缇斯，是库缇斯的不幸让她意识到自己的不幸根本不算什么。所以，她决定勇敢地面对生活，继续活下去。

运用现身说法式开场白时，你可以讲述自己悲惨的人生际遇，也可以讲述年少无知时犯的重大过错，还可以讲述自己在奋斗过程中遭遇的挫折，只要你的经历有足够的震撼力，就能够快速吸引听众的注意力，唤起听众的共鸣，使其产生认同感。这就是现身说法式开场白的魅力。

需要注意的是，运用现身说法式开场白时，应做到以下三点（图

3—4)：

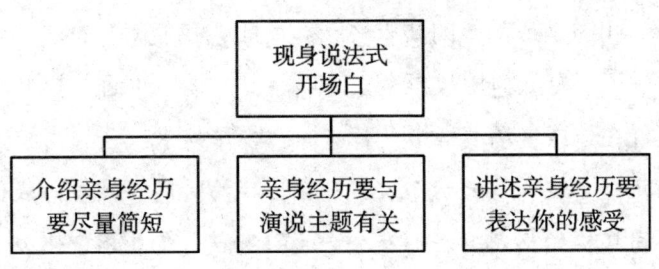

图3-4 现身说法式开场白的三个要点

（1）介绍亲身经历要尽量简短

用亲身经历作为开场白时，一定要避免复杂的情节和冗长的表述。否则，就成了故事会，人家听了半天，还没听到你的故事要讲什么，表达效果就会大打折扣。

在《爱情与美》的演说中，著名教育家李燕杰的开场故事是这样的："北京一家公司的团委书记再三邀请我去演说，并掏出几张纸，上面列着公司所属工厂一批自杀者的名单，其中大多数是因恋爱问题处理不好而走上绝路的。所以，我觉得很有必要与大家谈谈这方面的问题。"

这个亲身经历的故事很简短，但一下子就把听众的注意力集中起来了，使大家意识到问题的严重性。那么，故事短小到什么程度最适合呢？笔者认为，能在1分钟内讲完的故事，都符合短小原则。当然，你不能为了在1分钟内讲完故事而拼命加快语速，那样听众听不清，表达也是没效果的。

（2）亲身经历要与演说主题有关

再好的故事，如果跑题了，表达也称不上精准，表达效果也不会好。所以，扣题是最基本的要求之一。下面，我们就来看看巨人网络集团董事长史玉柱是如何用故事来作开场白，并紧扣谈话主题的。

史玉柱在一次现场演说中，有这样一段开场白：

过去几个月我和马云两个人单独在一块的时间比较多，我们一起探讨关于公司架构的问题。我们有个一致的观点：工业革命使公司结构得到大力发展，而互联网时代也必定会对公司结构产生一场深刻的革命，只不过现在还没有看到有很多新的公司结构出来。信息时代的公司架构到底应该是什么样的架构？

这段故事不仅有人物—我和马云，还有时间—过去几个月，主题—公司架构的问题。听了这段话，大家就知道史玉柱接下去要讲什么了。果然，史玉柱后面的演说内容就是关于未来公司的结构问题。

（3）讲述亲身经历要表达你的感受

在现身说法式开场白中，我们还可以讲述一件趣事来表达感受，从而引出主题。比如，杰佛瑞·加纳达在TED（美国的一家私有非营利机构，该机构以它组织的TED大会著称）教育讲坛的演说开场白是这样的：

说实话，站在这里我有点紧张，因为我妻子问我："你看过TED讲坛吗？"我说："我当然看过，我超爱这个节目。"她又说："能上这个节目的都是非常聪明、非常有才……节目组可不想找一个……愤怒的黑人！"（观众笑）我说："放心吧，亲爱的，我会好好表现的，我保证。"（停顿了三秒）说真的，当时我很生气，因为我看到了自己手背的肤色。

杰佛瑞·加纳达的这个开场白就是在讲感受，它的成功主要在于：

第一，讲述的亲身经历的事情很有趣，并能表达自己鲜明的感情色彩—生气。

第二，坦诚地说出了自己的紧张心理，分享了夫妻之间的聊天内容，很好地拉近了与听众的距离。

第三，"我很生气"不仅是开场白的结束，也是演说主题的开始，因为接下来加纳达要讲的是美国的教育改革问题，那也是让他生气的事情。

通过这个案例，我们可以总结出"在现身说法式开场白中表达感受"的注意要点：

①要用趣事、小故事引出感受。

②分享生活中的内容，以拉近与听众的距离。

③设法将你的感受与演说主题联系起来，从而引出主题。

4. 示弱式开场白：适当示弱以增强亲和力

美国电视行业竞争惨烈，尤其是每一季电视剧中的知名演员，每年都会争得头破血流。但是其中有一个名叫埃德·苏力维的演员却每年毫无悬念地稳上电视节目。他不仅是新闻行业的名人，还是电视剧集的明星。

与众多演员不同，他总是把自己定位在"业余水准"上，认为自己做得还不够好。在电视上，他经常有一些木讷的举止。放在别人身上，估计早就从荧屏上消失了。可偏偏他那些挠下巴、缩肩弓背、拽领带、有些口吃的毛病，没有引起观众的反感。

每一季电视剧结束，苏力维都会邀请那些愿意模仿他的人上电视节目。这些人不但把他的缺点尽情模仿出来，甚至还夸张了许多。但苏力维从来都不生气，相反，他比别人笑得更开心。他的谦逊自然赢得了观众的真心赞赏。很多观众表示，他们最讨厌的就是那种自以为是的所谓的名人。

通过这个案例，我们可以明白一点：谦虚、示弱是赢得他人好感的重要特质。无论是在人际交往中，还是在演说的开场白中，适当示弱可以增强演说的亲和力和感染力，拉近你与听众的距离，从而取得更好的演说效果。

著名的外交家吴建民先生刚到法国当大使时，有一次演说的开场白是这样的：

我在大学里学的是法文，但我从来没有在法国工作过。比起我的前任蔡方柏大使，我有很大的劣势。蔡大使前后在法国度过了23个年头，当了8年大使。而我在此之前，到法国的各种出差天数加起来不到23天，我不了解法国，非常需要大家的帮助……

此话一出，台下观众响起了热烈的掌声。

为什么吴建民先生能够赢得听众的掌声？一个很重要的原因是，他在演说开场白中主动示弱：学的是法文，但没有在法国工作过，显得谦逊；拿前任蔡方柏大使与自己作比较，让大家了解自己，请大家多多关照，显得不张扬。这样就在第一时间拉近了与听众的心理距离，赢得了听众的好评。

埃德蒙德·S.牧斯吉在担任美国缅因州参议员期间，曾被派到美国辩论协会发表演说，他的开场白是这样的：

我对自己今天的演说任务犹豫不决。首先，我知道，坐在下面的听众都是专业人士，在你们敏锐的洞察力下发表演说，未免有些班门弄斧之嫌。其次，所选择的演说时间是早餐时间，这是一个人的感觉相对迟钝的时刻。作为一名政界人士,如果演说失败,无疑会引起很多负面的舆论,后果十分严重。再者,我的演说主题是政治对我人生的影响,这可能会引起选民对我印象好坏的争执。顾虑重重的我,就像一只蚊子,有些茫然,不知道应该从什么地方开始。

牧斯吉以此为开头,一直往下讲,最后,他赢得了听众们热烈的掌声。

笔者经常告诉学员们:在公众面前发表演说,就如同被陈列在橱窗中,你的一颦一笑,你的个性风格,你的肢体动作,都被听众看得真真切切。一旦你流露出趾高气扬、自以为是的气势,听众就会立即疏远你。

当然,你也没必要紧张无措,只要保持自然和放松状态去演说就可以。如果你不受控制地紧张,你可以主动坦白。如果你有缺点,你也可以主动示弱。听众会对你的谦虚诚恳作出最温暖的友情回馈的。

运用示弱式开场白时,要注意以下三点(图3-5):

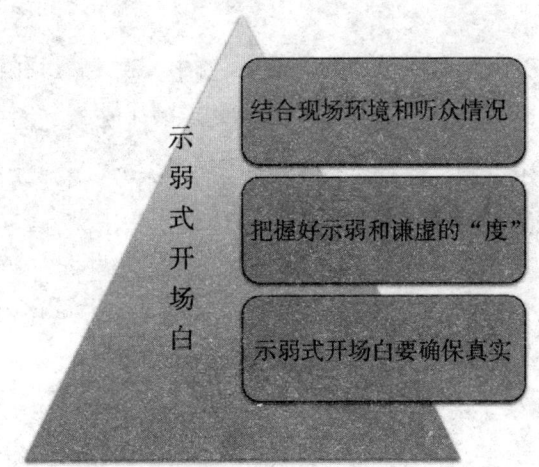

图3-5 示弱式开场白的三个要点

（1）结合现场环境和听众情况

示弱式开场白不能乱用，要根据演说现场的环境和听众情况去用。比如，有多人演说，你排在后面，前几位演说时都在自我吹嘘，表现得信心十足，而你登台后却反其道而行之，来个主动示弱，这样就取得较好的效果。

再比如，听众都是资深人士，有较高的身份、地位或成就，你在演说时就可以运用示弱式开场白。这样既能表现出你的谦虚，又能预防后面的演说内容引起听众的不满。因为你已经提前打招呼了："我只是个业余的，在你们这些资深专业人士面前演说，只是发表一些浅见，若有不当之处还望大家谅解。"

（2）把握好示弱和谦虚的"度"

示弱式开场白，既包括谦虚的自我介绍，也包括自我弱点的坦白。比如，"老实说，我有点紧张""其实我不善于在众人面前讲话"。但无论怎样谦虚和示弱，都要把握好"度"，切勿过分谦虚，以至于给人一种虚伪的感觉。比如，你明明是行业的资深人士，你却硬说自己是门外汉，那就谦虚过度了。

（3）示弱式开场白要确保真实

示弱和谦虚还要确保客观、真实。比如，你明明是行业的资深人士，在一群门外汉听众面前演说，你却硬要说自己是业余的，说大家是资深的专业人士。这不是虚伪吗？你明明善于演说，经常当众演说，而且上台一点都不紧张，你却说自己很紧张。这不是弄虚作假吗？这样就很容易引起听众的反感。

5. 幽默式开场白：开场就能活跃演说气氛

人们喜欢幽默，加入新奇和幽默的元素，会使你的演说增色不少。《幽默心理学》一书的作者马丁把幽默称为一种"取悦策略"，称幽默可以让人更容易在群体中被他人接纳。可见，幽默的影响力有多大。

肯·罗宾逊在TED做过三次演说，都是关于教育方面的。每次演说，都能掀起热潮，其热度超过史蒂芬·科拜尔、J.K.罗琳和奥普拉·温弗瑞等名人。最重要的原因是罗宾逊善于运用幽默，这种幽默从他一开口就层出不穷。

罗宾逊演说所探讨的是老生常谈的教育问题，他总是以幽默的方式开场。比如，"如果你参加一个晚宴，你说你是教育工作者——说实话，如果你真是教育工作者，你很少能有机会出席晚宴。"这句话瞬间就让听众爆笑，并获得听众的认可，很好地调动了听众的热情。这就是幽默的魅力。

在一个大型相亲晚会上，一名婚姻专家发表演说，他的开场白是这样的：

和现场很多朋友一样，我在30多岁时还是个单身狗。后来，一件小事触动了我，让我下定决心结束单身生活。那次，妈妈问我怎么还不找对象，是不是想打一辈子光棍？我说，总有一个对的人会在对的地方等我，急是急不来的，一切都要看缘分。我妈说：当然，那个人就是"死神"。

此言一出，全场听众立刻爆发出一阵欢笑。

待听众的笑声停下来后,婚姻专家接着说:

是啊,我当时也和大家一样忍不住哈哈大笑。可笑过之后,我觉得我妈说的是对的,人生短短几十年,为何不早点找个对象,好好享受婚姻生活呢?想到这里,我就上××婚恋网注册了账号,填写了资料……

大脑喜欢幽默,运用幽默式开场白去演说,不仅能引人发笑,活跃现场气氛,还能消除听众的心理防线,让大家在轻松愉快之中进入演说接受者的角色,更容易接受你的信息,也能增加你的个人魅力。

在运用幽默式开场白时,可以参考以下三个要点(图3-6):

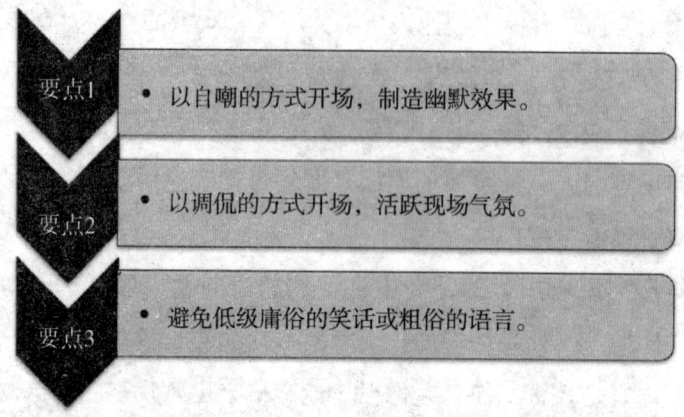

图3-6 幽默式开场白的三个要点

（1）以自嘲的方式开场,制造幽默效果

自嘲,是语言艺术中一个较高的境界,也是一个人自信的表现,一个没有自信和豁达胸襟的人是无法做到的。适度地自嘲,既是一种良好的修养,也是一种乐观的态度。在演说开场白中,恰当地运用自嘲,不仅可以缓解自己内心的紧张感,还能让大家笑一笑,是一种高明的影响他人的策略。

有一次，林肯与竞争对手进行公开的辩论。对方质控他说一套做一套，完全是个有两张脸的人。林肯哈哈一笑说："几天前，我遇到一位老妇人，她看到我的这张脸，建议我待在家里不要出来，但是为了美国人民的福祉，我不得不带着我的这张丑脸出来工作。他指责我有两张脸，大家说说看，如果我有两张脸的话，我会带着张丑脸来见大家吗？"

林肯的话把全场观众逗得哈哈大笑，连竞争对手也跟着笑起来。正是在自嘲与调侃的辩论中，林肯博得了大多数选民的同情与理解，最后成功当选美国总统。

著名书法家启功也喜欢自嘲。一次，他参加学术研讨会，主持人说："下面请启老做指示。"他接话道："指示不敢当，因为我的祖先活动在东北，是满族人，属少数民族，历史上通称'胡人'。所以在下所讲的，全是不折不扣的'胡说'……"

这番自嘲的话语，充分体现了启功的谦虚，逗得全场观众捧腹大笑。

自嘲的方式方法有很多，可以从自己的长相、身材、说话的口音入手，也可以嘲笑自己某件事做得不好，或嘲笑自己某方面的能力欠缺。无论何种自嘲，都能活跃演说气氛，给听众留下亲近感和人情味。

（2）以调侃的方式开场，活跃现场气氛

在一些比较正式、严肃的场合讲话，可以反其道而行之，来一点调侃，活跃一下严肃的气氛，往往能取得很好的开场效果。

2016年3月24日，俄罗斯总统普京在克里姆林宫会见到访的美国国务卿约翰·克里。普京的开场白充满了调侃的意味："当我见你自己拎着行李走下飞机时，我真有点纳闷，一方面，这的确显示了平等，但另一方面，如果连国务卿的公文包都没人帮着拿，美国肯定出事了。"

普京接着说："美国经济其实搞得不错，财政支出也没有显著缩减，然后我就琢磨着，你很可能在这个公文包里放了什么珍贵的东西，不放心让任何人代拿。"这个开场白让会面的气氛变得轻松起来。

在运用调侃的方式作开场白时，切勿调侃宗教信仰、种族肤色、民俗禁忌等方面的东西，以免弄巧成拙，制造不愉快。调侃还要浅显易懂，避免深奥生涩，让人不明白你的意思。

（3）避免低级庸俗的笑话或粗俗的语言

幽默需要智慧，是一种高尚的情趣，是智慧与情感的结晶。运用幽默式开场白时，最忌讳的是讲一些不入流的笑话。如果把笑话和幽默混为一谈，那可能会让演说变得庸俗不堪，令人生厌。

例如，一位基层干部给青年工人做演说，开场就说："今天，我给大家扯一扯形势问题。形势怎么样呢？那是秃子头上的虱子—明摆着。哪个瞎了眼的敢说不好？可是，有些人就是说不好，成天屁事不想干，光想往腰包里搂票子。好好的猪肉不吃，偏要吃什么乌龟、王八蛋之类的东西……"

这位干部的演说立意并没有错，也引发了不少听众的笑声。但这称不上幽默，而叫低级趣味。它不仅损坏了演说主题的价值，还贬低了演说者在听众心目中的形象。所以，切记一点：幽默式开场白一定要避免低级庸俗的笑话或粗俗不堪的语言。

6. 悬念式开场白：有悬念的开场魅力无穷

据说在阿尔卑斯山有一位猎人，他用布把自己裹起来，然后在山里爬来爬去。羚羊看到了，觉得很好奇，纷纷上前来看。于是，他轻而易举就可以获得猎物。除了羚羊，猫猫狗狗都有强烈的好奇心，更何况人类？

好奇是人的天性。在演说时，若能运用悬念式开场白，必将激发听众的好奇心，使他们对你的演说保持兴趣。在笔者的演说培训课堂上，每次开班笔者都会针对演说的重要性这个主题进行演说，其中一个开场白是这样的：

在每年进行的"你最害怕的事物"评选中，有三件事常年牢牢占据前三的位置。排在第一位的是死亡，排在第三位的是坐飞机（略作停顿）。排在第二位的这件事，说出来可能大家不信，但它足以让一个自信的成功人士感到焦虑，那就是公众演说。

这个开场白是不是悬念十足？按常理来说，笔者应该从排在第一位的事物讲到排在第三位的事物。但笔者故意不按常理出牌，先讲排在第一位和第三位的，略作停顿之后，再讲排在第二位的。而且言辞很有个性，既能振奋人心，又能给听众强烈的视觉感受。这就是悬念式开场白的神奇功效。

"在1981年的春天，一位名叫威廉·奥斯勒的年轻人无意中捡到了一本书，这本书里的21个字影响了他一生。后来，他成了举世闻名的医生。"讲到这里，演说者故意停顿了5秒，所有的听众都迫切地想知道这21个字是什么，为什么会影响奥斯勒一生，奥斯勒又为什么会成为有名的医生。通过这个开场白案例，我们能够再次感受到悬念式开场白的强烈吸引力。

下面，就介绍几种实用的制造悬念的开场白技巧，如图3—7所示：

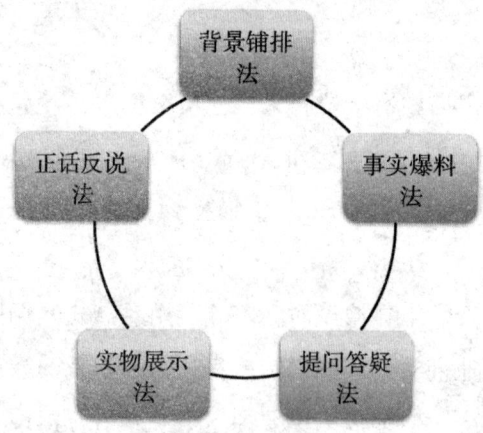

图3-7　悬念式开场白的五个技巧

（1）背景铺排法

所谓背景铺排法，指的是进行充分的背景铺垫，但就是不揭示听众最关心的答案，使听众不得不带着强烈的好奇心去听演说。鲍威尔·西里先生在费城运动俱乐部的演说开场白，就充分运用了这种制造悬念的技巧。

"在82年前的这个季节，有一本只讲了一个故事的书在伦敦出版了，人们把它叫作'世界上最伟大的小薄书'。那时候，朋友彼此见面打招呼就会问：'你看过了吗？'得到的总是千篇一律的回答：'上帝保佑！我已经看过了。'出版当天，它就卖出了1000本。两周之后，这个数字变成了1.5万本。以后，不但无数次再版重印，而且还被翻译成多国文字出版发行。就在几年前，J.P.摩根以惊人的高价买下了此书的原稿，现在被存放在他的艺术馆中，和那些稀世珍品并排放在一起……"

听到这样的开场白，你对这本书感兴趣吗？你渴望知道这本书吗？你会不会竖起耳朵，期待演说者早点告诉你书名？你的注意力是不是高度集中？你是不是随着演说情节的推进而兴趣高涨呢？答案是肯定的，最后，演说者揭晓答案："这本书就是查尔斯·狄更斯的《一支圣诞颂歌》。"

通过充分的背景铺排，制造悬而未决的意境，可以有效地勾起听众的好奇心。这就是我们常说的"卖关子"。可见，在开场白中说出谜题，在后面揭晓谜底，是一种行之有效的制造悬念的方法。

（2）事实爆料法

在日常交际中，当别人爆出一个猛料，告诉你一件意外的或惊人的事实时，你会不会产生兴趣，然后追问这件事的详细情况？答案是肯定的。同样，在演说的开场白中，我们也可以采取爆料事实的办法来制造悬念。

笔者的演说培训班里，曾举办过多次开场白评比活动。其中一位学员的开场白至今让我记忆犹新。他是这样开场的："诸位，你们是否了解，今天全世界还有17个奴隶制国家！"

听闻此言，听众不只是充满好奇，还吓了一跳。听众会在心里发出疑问："什么？都什么年代了，还有17个国家实行奴隶制度？没有搞错吧？究竟是哪些国家？"

再比如，某媒体一篇报道的开场白是这样的："眼保健操残害中国青少年49年了，全世界仅中国做眼保健操，按摩毫无作用的穴位。49年来，中国青少年近视率升至世界第二，近视人数高达3.6亿人……"这一耸人听闻的消息必定会吸引读者去关注。

（3）提问答疑法

所谓提问答疑法，即设问法，先提出问题，引发听众思考，激发听众好奇，促使听众尽快进入演说者的主体框架，再回答问题，满足听众的好奇心。

一位老者在演说开场白中提出问题："人从哪里老起？"

听众纷纷作答，有人说"人是从脚老起的"，有人说"人是从脑子老起的"。现场气氛十分活跃。

老者笑了笑，说："依我看，人是从屁股老起的。"全场听众疑惑不解，又忍俊不禁，纷纷瞪大眼睛看着他。

老者说："某些干部不深入基层、深入一线，整天泡在'会海'里，坐而论道，那屁股可遭了殃，既要承受上身的重压，还要与板凳摩擦，够劳累的。如此一来，岂不是屁股先老吗？"

这位老者在抨击官僚主义之前，先提出问题，制造悬念，引发听众思考。然后，利用一个出人意料的回答制造第二个悬念，再在听众的笑声和疑惑中揭开谜题，从而有效地控制住了听众的思想和情绪。

要注意的是，在运用提问答疑法制造悬念时，提问一定要饶有趣味，发人深省。千万别问得平淡无奇，让听众觉得你的提问是多此一举，那样就无法引发他们思考，激发不了他们的好奇心了。

（4）实物展示法

一位日本教授在课堂上拿出一块石头，在全体学生面前晃了晃，然后说："在日本，除了我，任何人都没有我这样的石头。"当学生们都伸长了脖子想一探究竟时，教授才说明真因："这块石头是我当年参与南极考察时带回来的……"就这样,教授顺其自然地开始了他的南极探险演说。

这就是利用实物展示来制造悬念的开场白。在运用这个方法时,要注意两点:

①要展示与演说主题相关的实物,切不可拿一个与演说主题八竿子打不着的实物出来,然后讲的却是另外的东西。

②所展示的实物越是少有,越能引起听众的好奇心和兴趣。因此,对所展示的实物要有所选择。

（5）正话反说法

明明想表达积极的态度,却用反面词语来说,给人一种错觉,这样的表达方法也能给人留下悬念。比如,在某校的优秀教师颁奖典礼上,校领导发表演说,他是这样开场的:"尊敬的各位领导,亲爱的同事们,今天站在这里,我不得不告诉你们一个坏消息,我非常'讨厌'你们。每次看到你们的脸色,我就想说你们真是越看越'讨厌',这个'讨厌'指的是讨人喜欢,百看不厌。"

在这里,校领导在开场白里正话反说,一反常规,让听众感到震惊又好奇,从而产生了继续听下去的欲望,想听听他到底是什么意思,这样自然能够收到很好的悬念效果。

7. 抒情式开场白:真挚的感情最能打动人

笔者的演说培训班里曾有一位企业高管,培训期间的一天,他告诉笔者几天后要出席一个业界管理高层的峰会，而且要致开场词。他朗读起草的开场词，让笔者给他一些建议："秋风送爽，金菊飘香，在这美好的日子里，感谢大家从百忙之中抽出时间参加今天的宴会，下面我来介绍一下今天的宴会流程……"

"等一等，先停下来。"笔者及时打断了他，"你是去致开场词的，而不是去做主持人的，是这样吗？"他说是的。"既然是做开场词，那就不要介绍宴会流程，那是主持人干的事情，你要做的是简单地提炼这次峰会的主题或意义，或表达你的感受，抒发你的感情，你觉得是这样吗？"他表示认同。

经过一番指导，他最终的开场词是这样的："金秋时节，正是桂花飘香之季，不知大家有没有同感：看到城市道路两旁的桂花与车流交相辉映时，会不由得被其芳香迷醉。今天，有些宾客远道而来，有些宾客生活在这个城市。但无论你们来自哪里，我只想对大家说：相聚于此就是缘，让我们珍惜今天的相聚。"

结果你猜怎么样？他后来兴奋地告诉笔者，当他致完开场词，全场掌声雷动。

这个案例中的开场白，就是抒情式开场白。它的开头意在渲染气氛，以情感人，使听众迅速受到情绪感染，注意聆听演说内容。这种开场白或采用排比、比喻、比拟等修辞手法，或用诗化的语言，有的干脆引用诗歌，因而自然优美、形象动人，往往能够瞬间激发出听众内心沉睡的情愫，使大家的心与演说者紧密联系在一起，专注地倾听演说内容。

再比如，在一篇题为《我是夜幕的一颗星》的演说中，演说者是这样开场的："水手喜欢把自己比作追逐波浪的海燕，飞行员喜欢把自己比作搏击长空的雄鹰，而我们警卫战士则喜欢把自己比作夜空中闪亮的繁星。当皓月当空，万籁俱静，疲惫的人们已经进入梦乡时，祖国的每个角落都闪烁着星星，它们就像警卫战士的双眼，紧盯着黑暗中见不得光的丑陋行为……"

你看，这段类似散文诗一般的开场白，构思十分巧妙，比拟恰到好处，语言形象生动无比，极好地抒发了演说者的真情。

在运用抒情式开场白时，需要注意以下两点：

（1）感情要真挚，不可矫揉造作

抒情式的开场白，一定要有真挚的感情，不可矫揉造作，架空"抒情"。比如，有些人一上台演说，开场就是满口学生腔，"无病呻吟"似地"嗯嗯啊啊"一通，听起来就让人倒胃口，觉得虚假。

怎样避免矫揉造作式的抒情呢？笔者的建议是，抒情也要言之有物、有血有肉，让人看到实实在在的内容。做到这一点很简单，你只需把抒情与生活中看得见、摸得着的实物结合起来。比如，身边的花草树木，天空中的飞禽鸟兽，还有演说现场的环境、人物等，这些都是你抒发感情的载体。

（2）抒情要灵活，不生搬硬套

在运用抒情式开场白时，要根据现场环境、季节、天气等，灵活地抒发感情。所谓"春有百花秋有月，夏有凉风冬有雪"。春花烂漫、凉风送爽、秋月朗照、飞雪飘飘……大自然的景色万千，就看你能不能有感而发，能不能灵活运用。

8. 开场白禁忌：这样开场你就糟大了

不少人认为，演说开场白就是简单地说一些话，不需要讲究什么。甚至有些人在演说开场白时口无遮拦，嘻嘻哈哈。殊不知，"好的开始等于成功了一半"，不重视开场白，后果会很严重。轻则给听众留下不好的印象，严重的话会直接导致演说失败，无法达到演说的预设目的。

当然，即使是一些有经验的演说者，也可能陷入开场白的误区。接下来，我们就来简单罗列一些开场白禁忌（图3-8），看看哪些开场白是不能触犯的。

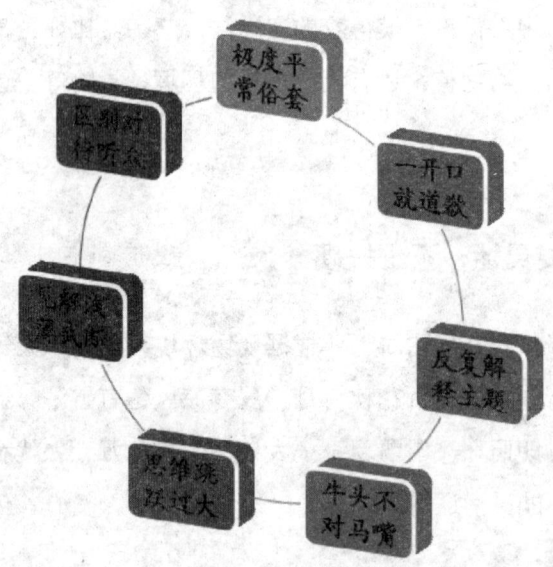

图3-8　演说开场白的7大禁忌

禁忌1：极度平常俗套

有一些演说者，在演说开场时说的是一些老得掉渣的套话，比如，"感谢领导，感谢各位来宾……"毫无新意，极度平常，很难吸引听众的注意力。

建议：开场白可以简单，但不能平常俗套，要设法讲出新意。

禁忌2：一开口就道歉

有些人登台演说，张口就是"对不起""抱歉"。看似诚意满满，实则令人生厌。比如，"真的很抱歉，这次演讲我是临时接到通知的，没做什么准备。如果讲得不好，还请大家见谅！"再比如，"真对不起大家，这个演讲主题对我来说太难了，我只能发表一些浅见了！"

事实上，如果你事先准备不足，听众很快就能感觉到，你用不着提醒。又或者说，有些听众并不知道你准备不足，你何必唤起他们的注意力呢？

建议：听众不想听你道歉，毕竟你没有做错什么，他们只想听到感兴趣的内容。

禁忌3：反复解释主题

有些人在开场白中反复地强调某个主题或内容，或没完没了地解释这个主题的意思。虽然本意是为了更好地说明主题内容及其重要性，希望引起听众的重视。但这样做很容易让听众产生"鹊巢鸠占"的感觉，使听众失去耐心。听众甚至会疑惑：为什么总是解释主题，难道是在怀疑我们的智商吗？

比如，在美国纽约市举办的一次音响技术大会上，一位来自日本的音响师做演说，他在开场白里说："今天，大家来参加这次技术大会的目的是掌握更多的音响技术。我的演说主题也是围绕这一点进行的，主要内容就是讲解各种音响技术……"

起初，听众听得很认真，但5分钟过去了，10分钟过去了，大家发现音响师还在解释这个主题，而并未讲述具体的音响技术。也许是出于急躁的情绪，一名听众不满地站了起来，大声喊道："你能不能讲一讲具体的音响技术？反复强调演说主题简直是浪费时间。"

见此情景，日本音响师只好回归正题。

美国著名的演说家安东尼·罗宾斯表述，任何人在开场白中都要避免出现过多解释的情况，因为这不仅会让听众感到啰唆，还会让他们对整个演说内容失去兴趣。

建议：用尽量少的语言解释主题，甚至不用解释主题，而是随着演说的进行，自然地引出主题。

禁忌4：牛头不对马嘴

牛头不对马嘴的开场白十分常见，听众的演说主题是A，开场白却没完没了地说B，完全偏离了主题思想，让听众不知所云。比如，一个大型机械设备的销售代表在产品发布会上演说，想宣传推广自己的产品，却在开场白中毫无目的地闲谈昨天品尝的美食。听众感到莫名其妙，因为他们是来参加产品发布会的，而不是来参加美食发布会的。

建议：开场之前必须明确演说的主题，找到与之相关的内容来开场。

禁忌5：思维跳跃过大

成功学大师卡耐基，曾在英国剑桥大学担任一场演说比赛的点评导师。

演说开始后，第一个学生说："很荣幸我能够参加这次演说比赛，本人一直对于生物科学有着浓厚的兴趣……我相信世界的未来是美好的……"

听了这样的开场白，卡耐基和现场的所有听众都很疑惑，他们不知道这名大学生想表达什么。于是，卡耐基在纸板上给他打了"60分"。

过了一会儿，第二个学生走上讲台，他是这样开场的："今天是个值得纪念的日子，因为我可以发表自己对于人文科学方面的研究和见解。相信，这会给大家带来一定的启发。对于人文科学，我是这样理解的……"

卡耐基和现场观众立即对这个话题产生了兴趣，并耐心地听完了这名学生的演说。最后，卡耐基给这个学生的演说打了"90分"。

从这个案例中，我们看到了思维跳跃过大的开场白多么不受人欢迎。因为它缺少条理性，毫无逻辑可言，听众根本无法明白演说者想表达的主题意思。

建议：围绕演说的主题内容，厘清思路，组织好开场白语言。

禁忌6：见解浅薄武断

有些人在发表演说时，总喜欢以一副高傲的姿态说出浅薄武断的话。比如，"在这个世界上，没有人脉是绝对不能成功的，你认识的人有多少，你的价值就有多大！"仔细琢磨一下这句话，它有道理吗？它有道理，但并不那么绝对。所以，此话一出口，很容易遭到思维严谨的听众的质疑和反感。

建议：开场之前，对自己的开场语言加以审查，思考它的合理性，切勿把话说得太绝对。

禁忌7：区别对待听众

不知你是否经历过这样的演说，演说者开场后，很客气地说："谢谢主席先生、琼斯市长、史密斯议员……"听到这类开场白，你会不会觉得他在拍马屁？会不会觉得他在区别对待听众？为什么只感谢领导人物，而不感谢现场的普通听众呢？所以，这种开场白是很有风险的，容易引起听众的反感。

建议：要对听众一视同仁，哪怕有些听众是重要的领导人。

第四章
技巧：好说歹说，关键看你怎么说

絮絮叨叨，长篇大论，是对听众的一种精神折磨；语言贫乏，用词含糊，只会让听众感觉索然无味。最后，大家再也提不起兴趣，玩手机的玩手机，打瞌睡的打瞌睡，聊天的聊天。当这样的情况出现后，就意味着这场演说失败了，没有任何价值与意义。因此，我们要重视演说技巧，给演说增添色彩。

1. 主题句：创造并不断重复主题句

很多演说者希望把自己知道的一切都告诉听众，于是，他们在演说时喋喋不休地讲一大堆核心问题。可是演说结束后，听众把其中90%的内容都忘记了。为什么会这样？很简单，核心要点太多等于没有核心要点，因为它们之间会相互干扰，影响听众接收信息。

怎样避免这种情况发生呢？

其实也很简单，就是将真正的核心要点提炼出来，将那些非核心问题舍弃。为了更好地说明这个核心要点，你最好用一个容易记的短语或句子来表达，我们把这个短语或句子称为"主题句"。然后，在演说中不断地重复主题句，加深听众的印象，帮助听众更好地理解并记住你的主题。这是演说成功的关键之一。

1933年，美国正处于可怕的经济衰退期。当时人们害怕丢了工作，不得不接受微薄的工资，忍受贫困的生活。人们甚至丧失了基本的温饱保证，无处安身。就在这一年，富兰克林·罗斯福担任美国总统。

在听过罗斯福的就职演说后，很多美国人晚上默念着"我们唯一值得恐惧的就是恐惧本身"这句信条安然入睡。因为这是罗斯福在演说中强调的主题句，它积极向上、充满哲理又浅显易懂，还传达了一种希望，让美国人抛弃了懦弱和恐惧。正是这句信条把美国从令人绝望的经济大萧条中拯救出来。

类似的例子还有马丁·路德·金的《我有一个梦想》的主题演说。1963年8月，在林肯纪念堂的台阶上，马丁·路德·金说出了一句有着深入骨髓的震撼力的话——"我有一个梦想。"这句话在3000多字的演说中被反复强调,深深烙印在听众的心中。这个梦想不仅仅是他自己的愿望,更是一种对于和平、友好和公正的信念。如今,它已经成为全球为社会公正而战的主题语。

这两个成功的演说案例告诉我们:围绕主题句来展开你的演说是多么重要。它可以帮你消除一些不信任和消极的情绪,帮你向听众传达明确的主题思想,让听众被你的演说感染,深受演说主题思想的影响。

那么,怎样创造出精彩的、有影响力的主题句,保证演说成功呢?具体步骤如图4-1所示。

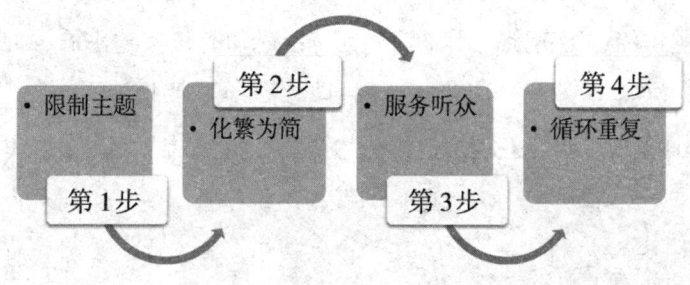

图4-1 创造精彩主题句的4个步骤

第1步:限制主题——不要三五个主题思想,只要一个核心要点

主题句不是演说过程中突然从你嘴里冒出来的,而是在演说之前就已经提炼出来的。要想提炼出精彩的主题句,你首先要确保演说主题足够明确——只保留一个核心要点,而不是若干个。

没有人会带着你三五个"绝对重要"的观点离开演说现场,没有人能在第二天喝茶的时候完整地说出你提出的三五个鲜明的主题。但是人们会记住并完整地说出一个强大的、掷地有声的观点。所以,请不要逼迫听众去记忆三五个核心要点,那对听众要求太高了。

第2步：化繁为简——从复杂的话题中提炼出一个精彩的主题句

也许你要讲的话题非常复杂，以至于你没办法提炼出主题句。但可以肯定的是，你的话题不可能比罗斯福、马丁·路德·金所面临的问题更加复杂、更让人头疼。你不需要把国家拉出经济大萧条的深渊，也不需要创造一个平等的世界。

同时，你要明白一点：越是复杂的话题，越是有争议的话题，听众越期待听到一个统一的、清晰的主题句。所以，你的任务就是把一个强大的主题句传达给听众。千万别对提炼主题句有任何的不屑，如果你花1个小时去提炼主题句，必将在演说中得到听众的回报。

①围绕你的演说主题，把你的想法列在一张纸上。

②把众多想法用一句有逻辑的话语组织起来，变成一句观点鲜明的话。

③设法精简这句话，让它朗朗上口，至少不应该拗口难懂。

按照以上三点去提炼主题句，把你要讲的主题归结为一个单一的主题句，并以此为起点去拓展一个复杂的观点，如此你的演说就走上了康庄大道。最终，你将成为一个受听众欢迎的演说者。

第3步：服务听众——针对听众关心的事情展开来讲你的主题句

听众坐在台下不是为了对你表达敬意，而是希望你的演说对他们有所帮助。因此，在展开主题句的时候，务必坚持一个原则——讲听众想听的事情，而不是讲你想讲的事情。只要你能向听众展示出你的观点如何帮助、触动或影响他们，他们就会认真倾听你的演说。

在主题句之下，你应该针对听众的需求去陈述观点。比如，告诉听众以下关键信息：

① 你的主题是什么？

② 对于这个主题，你的观点是什么？有什么理由支撑这个观点？理由1，理由2，理由3……记住，理由并非越多越好，多了反而会成为累赘，一般三点足矣。

③ 怎样做才能解决问题？具体的做法是什么？方法1，方法2，方法3……方法要具体、实用，让听众知道怎么操作。

甚至为了吸引听众的注意力，你在演说一开始就要告诉听众，你将帮他们解决什么问题，他们听了你的演说会有什么收获。比如，"我将与大家分享获得优异业绩的工作方法！""我的演说目标是帮大家将月薪提高20%！"

第4步：循环重复——每讲几分钟或每讲一个阶段就重复主题句

传播学界有一个观点：你需要不断重复你的核心信息，才能让人记住它。鉴于这一点，你最好在演说中不断重复你的主题句。那些伟大的演说家就是这么做的，他们总是在演说中，每隔几分钟就重复一遍主题句，让演说不仅变得与众不同，又巧妙地为听众带来一种舒适的享受氛围。你也可以这么做，根据演说的结构，在几个关键阶段去重复主题句。具体可以这样做：

① 开篇说出演说主题时，就直接用主题句对这个主题作解释。

② 讲到你对这个主题的观点时，再次重复主题句。然后，每讲一个理由、一个论据时，提一下主题句。

③ 讲到解决方案和具体做法时，再次重复主题句。然后，每讲一个方法，就提一下主题句。

④ 演说结尾时，用主题句去收尾，还可以根据现场气氛和听众热

情，决定重复几次主题句。如果现场气氛热烈，听众热情高涨，你可以连续高喊主题句，还可以让听众跟着你一起高喊主题句。

只要你的主题句足够精彩，并在演说中多次强调，听众就会牢牢记住它，并在事后准确地重复它，心甘情愿地接受它的影响。

2. 好措辞：恰当措辞实现精准表达

语言的力量不可小觑，最有力量的语言应该是准确的、具体的、形象的。无论你的演说立意多么高远，无论你的内心多么情绪激昂，表达观点所使用的语言都要贴切、具体、形象。这样语言才能在帮你实现精准表达的同时，让你的演说充满画面感和感染力，激发听众无限的想象。

接下来，我们就来看看，怎样才叫措辞恰当？怎样才能精准表达？怎样才能让你的语言充满画面感和感染力，吸引听众跟随你的思维，认真听你演说？好措辞的关键点如图4—2所示。

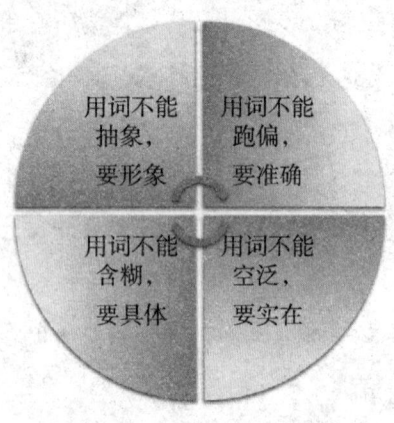

图4—2　好措辞的4个关键

（1）用词不能跑偏，要准确

演说的过程，是口头表达的过程，也是讲究用词准确的过程。用词的细微差别，会导致语意偏离你的本意，最后造成演说效果的巨大差别。

一位企业高管代表公司与客户洽谈一项业务时姗姗来迟，见面后大声对客户说："我忙得不得了，今天只有10分钟的时间和你们谈这项业务，我们赶紧开始吧！"

此话一出，四座皆惊。客户方的厂长听后心里更不是滋味，随即起身说："既然你很忙，那我们就不耽误你的时间了，你赶紧去忙吧！"

就这样，一笔几百万元的生意，便一语告吹了。

我们相信这位公司高管的本意不是想表达自己的高傲，而是想表达"抓紧时间开始业务洽谈"，可他由于用词不当，意思完全走样了，惹怒了客户，也葬送了公司的一个商机。

在演说中，我们也应该注意用词的准确性。为此，在写好演说稿后，应该认真读几遍，试着站在听众的角度体会一下其中的用词，看会不会给听众造成误解。

（2）用词不能空泛，要实在

在某社团举行的演说比赛中，有一位大学教授，他是一位哲学博士。同时，还有一位年轻的小商贩。在你看来，哪位的演说更能吸引听众呢，是大学教授吗？事实并非如此，而是那位小商贩。

哲学博士演说时，风度翩翩、用词考究、条理清晰。可是他忽略了最基本，也是最重要的东西——内容。他的演说内容过于空泛，没有什么实例，有的只是一串串专业术语和一堆堆理论。

再看小商贩的演说，他的开场白简明扼要，然后直奔主题。演说时，他用很多具体的事例做论证。他举手投足之间显得自然放松，再配合清新的嗓音，显得活泼生动，自然就抓住了听众的心。

笔者讲这个例子，并不是要比较哲学博士和小商贩之间的差别，而是想说明一点：不论你的受教育程度如何，只要你登上演说台，你的演说就应该有实实在在的内容，有能够说明问题的事例。切勿空谈理论，光讲专业术语。

（3）用词不能含糊，要具体

在演说中，使用模糊不清、含糊不明的词语，只会让听众感觉一片茫然，不知所云。小威廉·史瑞克在《风格之要素》一书中说："那些研究写作艺术的人，如果他们的观点有一致的地方，那么这个观点就是：他们认为能够抓住读者注意力，最稳妥的方法就是要具体、明确和详细。"

何为具体、明确和详细呢？我们可以举个简单的例子：

德国宗教改革家马丁·路德·金小时候，在人们眼里是个"调皮而倔强"的孩子，但"调皮而倔强"这个词并不能引起人们的兴趣，因为有太多太多的小孩调皮而倔强。但是，如果换一种措辞来表达，效果就大不一样了。比如，说他经常被老师打手板，甚至一天要打十五六次。这样的具体数字一下子就钻入了听众的耳朵里，让听众不由得想象一天被打手板十五六次的画面。

再比如，有人说约翰的父母"贫穷而诚实"，这个用词就很含糊，我们完全可以用一种更具体的表达："约翰的父母没钱买靴子，每逢下雨下雪天，只能用塑料袋包裹双脚，以确保双脚干燥。虽然他们非常贫穷，但从未在猪肉中注水，也没把病牛冒充好牛糊弄买主。"看一看，这样表达是否更能体现约翰父母"贫穷而诚实"呢？

为了避免演说内容含糊，我们要尽量使用具体的描述。比如，讲到狗时，要说明是什么狗，是斗牛犬，还是苏格兰犬，还是小猎犬？描写某个景物时，切勿说"景色好美"，而要告诉听众，景物怎么个美法，要注重细节描写。

（4）用词不能抽象，要形象

法国哲学家艾兰说过："抽象的风格总是不好的，在你的句子里应该满是石头、金属、椅子、桌子、动物、男人和女人。"这句话的意思是，表达要落到实物上，才能更形象，更有画面感。

可以使用富有画面感的词语。比如，"春天来的时候门开着，风进来，花香进来，颜色进来。有的时候你碰到雨或者碰到雾的时候，你会忍不住想要往肺里面深深地呼吸一口气。能感觉到碎雨的那个味道，又凛冽又清新"。

听到这段描写，听众就很自然地想象到那种空山新雨后的画面感。

再举个例子，爱德文·史洛森在《每日科学新闻公报》中这样描写尼亚加拉瀑布：

我们知道，美国境内有几百万穷人吃不饱，穿不暖。然而，在尼亚加拉瀑布这儿，却平均每小时浪费25万条的面包。我们可以在脑海中想象，每小时有60万枚新鲜的鸡蛋从悬崖上掉下去，在漩涡中制成一个大蛋卷。

如果印花布不断从一架像尼亚加拉河那样宽达1300米的织布机上被织出来，那也就表示有同样数量的布料被浪费掉了。如果把卡内基图书馆放在瀑布底下，大约在一到两小时内就能使整座图书馆装满各种好书。

或者，我们也可以想象，一家大百货公司每天从伊利湖上游漂下来，把它的各种商品冲落到50米下的岩石上。这将是一种极为有趣而壮观的景象，会和目前的尼亚加拉瀑布一样吸引人，而且不必再花钱维护。然而，某些人可能以浪费为理由来反对，就如同目前有人反对利用瀑布流水的能量一般。

看看这段描写，里面有多少个具有画面感的词句？"25万条面包""60万枚鲜蛋""漩涡中的大蛋卷""花布从1300米宽的织布机跑出来""图书馆装满各种好书""漂浮的大百货公司被冲落"……这些词句勾勒出了一幅气势磅礴的画面，令人心驰神往。同时，这些形象的描写使听众不知不觉地认同作者的观点。

3. 说清楚：没有什么比说清楚更重要

有位男士找到律师，强烈要求律师帮他打一场离婚官司。律师了解到，该男士的妻子长得很漂亮，还有很不错的烹饪手艺，也是个负责尽职的母亲。

"那你为何还要离婚呢？"律师不解地问。

"因为她整天说个没完。"男士回答。

"她都说些什么呢？"

"问题就在这里，"男士说，"因为她从来没有说清楚过。"

很多演说者也像那位妻子，说了半天，却没有把该说的说清楚，听众根本不知道他们在表达什么。他们不懂得什么是演说技巧，只知道喋喋不休地讲，不但语意模糊、思路不清，而且讲话毫无重点，让人不知所云。这样的演说对听众无疑是一种折磨。

语言是信息传播的主要媒介，我们必须学会使用它，不是粗略的，而是精确的。把话说清楚的能力，是演说者必备的能力。有着40多年在各大学巡回演说的丰富经验的奥利佛·罗吉爵士，对于演说强调了两件事：一是知识与准备，二是努力说清楚。

普鲁士名将毛奇元帅也深谙这个道理，他经常对下属的军官说："记住，各位，任何'可能会'被误解的命令，'将会'被误解。"还有法国军事家、政治家拿破仑，他一再向秘书强调："要把事情说清楚，一定要清楚！"所以，千万不要低估"说清楚"的重要性。

把话说清楚不仅很重要，而且是一件有难度的事情。不过，如果掌握了下面几招（图4-3），将大大提高你把话说清楚的能力。

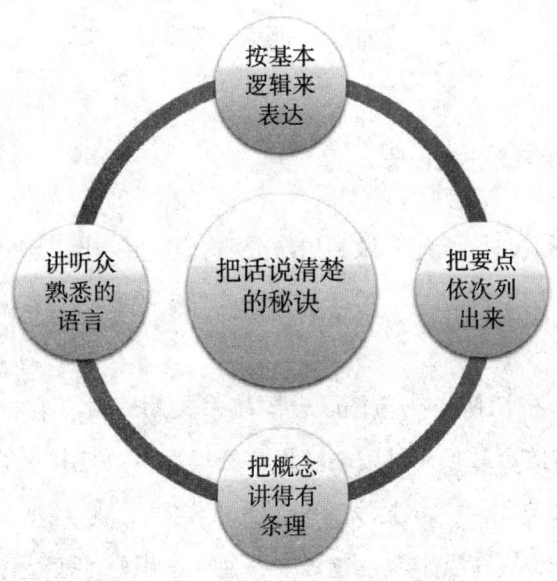

图4-3 把话说清楚的4个秘诀

（1）按基本逻辑来表达

无论是讲一个故事，还是讲一件事情，或是讲一个问题，都应该遵循一定的逻辑结构。通常来说，可以遵循的表达逻辑有以下几种：

①"先提问题，再找原因，再说方案"的表达逻辑。

②"总分总式""分总式""总分式"的表达逻辑。即先讲结论，再说原因，最后呼应主题；先说原因，后说结论；先说结论，后说原因。

③"先因后果""先果后因"的表达逻辑。即先说原因，再说结果，或先说结果，再说原因。

④"倒叙""顺叙""插叙"的表达逻辑。

（2）把要点依次列出来

在讲述要点时，一定要做到层次分明，重点突出。比如，"今天我要跟大家分享的主题是……具体来说，这个主题有三个方面的内容。第一……第二……第三……"

拉尔夫·布切博士在担任联合国秘书长助理时，有一次被要求到纽约罗切斯特的市政俱乐部发表演说。开场后，他直截了当地说："今晚，我被选中来讲述'人际关系的挑战'这一话题，理由有两个。第一……第二……"在整个演说过程中，他非常用心地表达论点，最后提出结论。

经济学家保罗·道格拉斯也非常喜欢运用这种方法。"我的主要观点是……"他经常这样开始一场演说，"刺激经济复苏最简捷有效的方法是：减少中下阶层的课税——因为这些课税通常都会用尽他们所有的收入。"

"其次……接着……还有……"他又继续说道,"其中有三个主要原因。第一……第二……第三……总而言之,我们必须尽快减少对中下阶层的课税,如此才能真正提高群众的购买力。"

(3)把概念讲得有条理

在演说中,概念性的连接词的使用频率非常高。这类词语若用得好,可以让你的演说富有条理;若用得不好,则会让你的演说变得混乱不堪,让人听不明白。例如:

时间概念——过去、现在、将来……

空间概念——东西南北、由内到外、由外到内……

顺序概念——首先,其次,再次,最后;第一,第二,第三……

(4)讲听众熟悉的语言

讲听众熟悉的语言,前提是你要了解听众的生活环境、文化背景。比如,对文化程度不高的听众,要多讲接地气的日常话语,千万别为了体现你的专业性,频繁地使用专业术语。对特定地区的听众,要讲符合那个地方特色的话语。

比如,一位传教士在非洲地区演说,其中有句话是这样说的:"虽然你们生活在水深火热之中,但你们的心灵如雪一样纯净!"试问,那些长期生活在非洲地区的人,怎么知道雪是什么?但那些居民经常爬椰子树,摘椰子果,如果传教士能把那句话改成"但你们的心灵如椰汁一样纯净",听众就很容易理解了。

4. 讲故事：用起伏的情节吸引听众

没有人喜欢听那些空洞无聊的道理，大家都喜欢听故事。美国知名脱口秀节目女主持人奥普拉曾经说过："故事，就是用语言画一幅画，然后你把这幅画送到听众的心头上，让他看到的也是一幅同样的画面。"

在演说时，为了增强说服力，我们可以讲一些与主题吻合的故事，并将自己的观点融合在里面。这样听众在听故事的同时，就不知不觉接受了我们的观点。从这个意义上来说，一个好故事可以成就一次演说。

在一次演说培训课上，笔者曾问学员："谁能说说，'全力以赴'这个成语是什么意思？"有的学员说："全力以赴就是竭尽全力去做一件事。"有的学员说："全力以赴就是为了达成目标不找任何借口。"类似的解释都比较空洞苍白，于是，笔者给大家讲了一个故事：

"有个猎人去打猎，在森林里转了一圈后，他只发现了一只兔子。猎人端起猎枪，瞄准兔子，扣动了扳机……"

讲到这里，笔者问大家："大家猜猜看，猎人有没有打中兔子？"有的学员说打中了，有的学员说没打中。笔者笑了笑，接着讲故事：

"枪响之后，猎人吹了一个口令，猎狗就朝着兔子的方向追了过去。可是没一会儿，猎狗就垂头丧气地回来了。猎人不高兴地问：'我明明打中了兔子，你怎么没把它捡回来？'猎狗露出无辜的神情看着猎人说：'我已经尽力了。'"

"兔子回家后，把自己的遭遇告诉了家人。兄弟姐妹都围着兔子，迫不及待地问它：'你中了枪，还有猎狗在身后追，你怎么逃回来的？'兔子说：'猎狗是为了一顿美餐在拼命，而我是为了整个生命在狂奔，所以我必须全力以赴。'"

故事讲完了，什么是"全力以赴"已经不用太多解释了。这就是用故事演说的魅力。

听众可能记不住一连串的数字，但他们会记住一个精彩的故事。何为精彩的故事？它必须有跌宕起伏的情节，有悬念，有未知，让听众听了故事的开头，猜不到故事接下来怎么发展。这样听众才会始终充满好奇，集中注意力去听你讲。

讲个故事，带有哲理和寓意的故事，带有画面感的故事，能给人视觉冲击的故事，这样的故事何愁不能吸引听众？何愁不能让你在众人面前侃侃而谈，成为被大家关注的焦点？

通常来说，情节跌宕起伏的故事，往往是以"冲突→化解冲突→再次冲突"这样的思路展开的。冲突是这类故事的主线，因为没有冲突就没有情节的起伏。始终波澜不惊的故事，称不上好故事，是无法吸引听众的。

当然，故事原型可以是波澜不惊的情节，但你在讲述的时候，可以运用停顿、提问以及语气的变化，有意地制造悬念和惊喜，从而引发听众的好奇心，集中听众的注意力。比如，笔者在讲到猎人瞄准兔子，扣动扳机后，突然停下来，问听众："大家猜猜看，猎人有没有打中兔子？"这就是在故意制造悬念。

除了故事要有起伏的情节，以及在讲故事的时候要善于制造悬念之外，我们在演说中讲故事时，还应该注意以下几点（图4-4）：

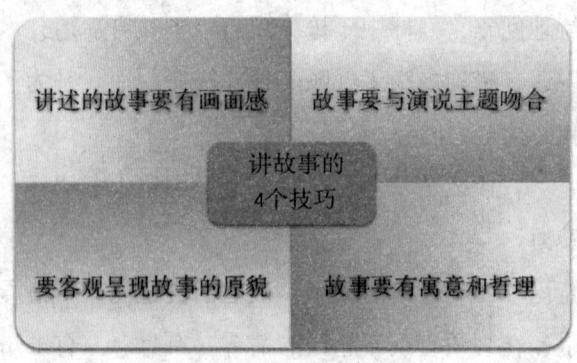

图4-4 讲故事的4个技巧

（1）故事要与演说主题吻合

在讲故事时，一定要精心挑选与主题相吻合的故事。故事再动人，情节再起伏，如果与演说主题相差十万八千里，那也是没有意义的。另外，我们不能为讲故事而讲故事，要记住：故事是为了说明演说主题而服务的，因此故事讲完后，要针对故事做一个简单的总结，以呼应你的演说主题，为接下来的议论和说理做好铺垫。比如，有位演说者在题为《诚信无价》的演说中，讲到一个故事，大意是：

有位法国老太太90岁时，有个律师想要她的房产，就许诺每月给她2500法郎的生活费，直到她去世。去世之后，老太太的房子就由律师继承。不料，老太太活到了112岁，而律师却在老太太110岁时就去世了。在这20年间，律师支付了60万法郎，这足够买三四套老太太那样的房子。很多人把这件事当作笑话来讲，讽刺律师"贪小便宜吃大亏"。

讲完故事后，演说者说："我不觉得律师可笑，我反倒敬佩他的为人。他在已经知道判断失误的情况下，依然能信守诺言，把契约履行到死，这种诚信比金钱更珍贵。这不正好说明诚信无价吗？"

你看，这个故事的选择就很精准，非常符合"诚信无价"这个主题。而且故事讲完后，演说者的总结也很到位，一下子点明了演说主题，很能引起听众的共鸣。

（2）故事要有寓意和哲理

讲故事的目的是说明主题，只要故事有寓意和哲理，它就能充分发挥影响力。比如，有些人坚持认为"伤害你的人就是你的敌人""把你从困境中拉出来的就是朋友"，而你不同意这个观点。那么，你可以讲一个故事来反驳。

"一只小鸟准备飞往南方，途中遇到了一股寒流，被冻僵了，从天上掉了下来。一头牛刚好经过，在它身上拉了一泡屎。热乎乎的牛屎把冻僵的小鸟包裹住了，小鸟感到很暖和，很开心，情不自禁地唱起歌来。一只野狼循着歌声找过来，发现了躲在牛粪中的小鸟，它将小鸟刨出来，把它吃掉了。"

这是一个寓意深刻的故事：不是每个伤害你的人，都是你的敌人。也许别人无意中伤害了你，却能救你一命。也不是每个把你从牛粪中拉出来的人，都是你的朋友。也许别人把你拉出来，只是另有所图。

故事讲完，道理自明，别人的观点不攻自破。

（3）要客观呈现故事的原貌

听众天生是叛逆的，如果你讲故事时总是用一些带有主观感受的词，试图告诉他们你的体会是什么，他们往往不能切身体会这种感受。因此，你最好别告诉他们你体会到了什么，只是客观描述故事的原貌。比如，不要说"他非常紧张"，而要说"他额头和手心冒汗"；不要说"那是一个糟糕的天气"，而要说"那天电闪雷鸣、狂风大作"。

（4）讲述的故事要有画面感

在讲故事时，为了便于听众理解，我们最好使用听众能够接触的事实、特定的细节。例如，故事里讲到洗发液时，你可以说"海飞丝"；讲到小轿车时，你可以指出是"丰田汽车"。你的故事听上去越真实、越特定化，听众脑海里的画面感就越强，就越能理解你所说的。比如，你讲到"海飞丝"，听众的脑海里就会出现这种洗发水；你讲到"丰田汽车"，丰田汽车的标志就会浮现在听众的脑海里。

此外，在讲到故事中的人物表情、动作时，你还可以去表演，以呈现故事的画面感。比如，讲到一个人生气时，你的眼珠子一瞪，声色俱厉，讲故事的语气也变了；讲到一个人掉到水里了，你可以做出几下"狗刨"的动作。这样可以让你把故事讲得更生动形象，更能吸引听众的注意力。

5. 打比方：用生动的类比打动听众

上学的时候，老师教给我们很多修辞方法，"比喻"就是其中一种。它对提升演说的精彩度很有帮助，能让你表达的内容变得生动形象。以"吃饱饭了"为例，不用比喻时，你可能会说："我吃得好饱好饱啊！"运用比喻时，你可以说："我刚吃完饭，肚皮撑得像一个皮球，圆滚滚的。"显然，后者更生动形象，更有视觉冲击力，更富有趣味性。

比喻可以提升语言的黏性。运用比喻去演说，就像是给黑暗的舞台点亮了聚光灯,让听众的注意力很自然地集中到你所表达的主题上。在如今这个互联网时代,简洁表达已成为一种趋势,成为一种美德,运用比喻可以简化复杂的思想,加快听众对你演说内容的理解。

在比喻的基础上,通过对事物特征的生动说明,就有了"打比方"。相对于比喻这种书面语表达,打比方是一种更趋向于口语表达的技巧,也是演说中常用的说理方法。高明的演说者往往善于用打比方来阐释某个理念和观点,以体现自己独特的幽默感和深刻的思辨力,让听众在笑声中感悟哲理。

央视主持人白岩松曾在哈尔滨工业大学发表即兴演说,并以下面一段话作为结语:

"季羡林老先生的一席话给我印象很深,采访他时,他说:我已经如此老了,但我的道路前方仍有百合花的影子,人生的前方要永远有希望,有温暖才行。再举个例子,狗赛跑怎么比?怎么让狗跑起来、跑得快?每个狗嘴前边都吊着个骨头。我们每个人也要给自己放块骨头(笑声),精神的骨头(热烈的掌声)!"

白岩松先是引用季羡林的话,表明希望对一个人的巨大激励性。然后,又巧妙地用"狗赛跑"来打比方,告诉大学生:狗为了吃到骨头才奋力奔跑,骨头就是狗奔跑的动力。人也一样,也应该奔跑起来,以此启发大学生要有奋斗目标和精神追求。这样的表达通俗易懂、妙趣横生,很容易让人接受,从而打动听众。

无论是比喻还是打比方,它们的作用不光是吸引听众的注意力,更是促使听众加快对演说内容的理解。假设你只告诉听众一个数字,听众很可能对此没概念:这个数字到底有多大?属于什么水平?听众可能不清楚。但如果你告诉听众:"这个距离比绕地球两周还长。"不仅有画面感,还能让听众对这个距离有一个准确的认识。

在一次聚会上,一位老太太问爱因斯坦:"听说你提出了相对论,相对论是什么？"

相对论是一个深奥的理论，三言两语说不清，而且听众是老太太，就算耐心地解释，她可能也听不明白。那么，怎样回答她的提问呢？

爱因斯坦稍加思考，答道："当你和最爱的人坐在炉火旁时，感觉1个小时就像5分钟。当你孤独地坐在炉火旁时，感觉5分钟就像1个小时。这就是相对论。"

深不可测的理论，通过爱因斯坦巧妙地打比方，一下子变得通俗易懂起来。而且，通过打比方，还能让表达变得形象生动，富有感染力，让人感受到你的幽默风趣和智慧才华。

在运用打比方时，要力求做到以下3点（图4-5）：

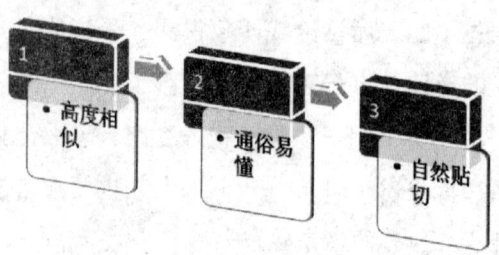

图4-5 运用打比方的3个要点

（1）作比较的两个事物要高度相似

在运用打比方时，用来作比较的两个事物虽是完全不同的事物，但两者应具备高度的相似性。比如，销售总监在公司月度销售总结大会上说："我们这个月的产品销售额提升了30%，就好比菲尔普斯的400米蝶泳成绩提高了0.3秒。"产品销售额的提升与蝶泳成绩的提高，两者属于不同的事物，但又有高度相似性，都是提高，而且提高的程度应该大致相当。这样表达就十分形象了。

再比如，"每年有5.6万名女性死于心脏疾病，这个数字远超过了一个网球场的容纳人数"。死于心脏疾病的人数到底有多少？听众可能没有概念，但通过与"网球场"作比较，就产生了很强烈的视觉效果，强化听众对数字的准确概念。

（2）打比方要让听众觉得通俗易懂

在运用打比方时，应力求做到浅显易懂、生动具体，能够贴近听众的生活，这样的打比方才叫化繁为简，才能把复杂变为简单，听众才更容易理解和接受。

例如，领导者在公司全体员工会议上说："我们发现了公司某个环节上的成本浪费问题，这个问题会导致公司每年损失350万元，350万元是什么概念呢？它可以购买30辆中档家用轿车。如果把这笔损失弥补了，一年后，公司给大家每人发一辆车好不好呢？所以，我们绝不容许这个错误发生。"在这里，领导者采用的打比方就很贴近生活，通俗易懂，它比空讲节省成本的重要性有趣得多。

（3）打比方要让听众觉得自然贴切

打比方是为了增加表达的生动性，但并不等于一场演说打的比方越多，效果就越好。因为有些事物不太好用打比方来表达，即使勉强打比方，也不那么自然贴切，甚至造成逻辑错误。

比如，2007年中央电视台"3·15"晚会曝光了"藏秘排油"减肥茶涉嫌虚假宣传，而这个减肥产品是由相声演员郭德纲代言的。事后，郭德纲作出回应："有人质疑广告上写着迅速抹平大肚子，说不灵。呵，这是矫情。方便面袋上印着大虾肉块，也没见人上方便面厂上吊去。藏秘排油广告画上还有四个藏族姑娘呢，您也要？"

"四个藏族姑娘"和"迅速抹平大肚子",虽然两者都是产品包装上的广告信息,但前者是广告的美化配图,而后者是产品功能的承诺。因此,两者根本不具有类比性。郭德纲的说法,就是错误的打比方。类似这样的打比方具有一定的调侃味道,但不宜在演说中使用,否则,很容易适得其反,令人生厌。

6. 慢递进:先做铺垫,再深入主题

在交谈中,如果别人直接提出一个意见,然后进入主题,我们可能一下子接受不了。但如果对方先做一些铺垫,再慢慢地递进,一点点地深入,我们就很容易被说服。关于这一点,《邹忌讽齐王纳谏》的典故就是最好的例证。

邹忌身高八尺多,相貌堂堂,仪表不凡,是个美男子,加之又是齐国的相国,事业有成的他自我感觉良好。这天,他心血来潮,问妻子:"我和城北的徐公相比,谁更好看?"徐公也是齐国的美男子,邹忌只闻其名,未见其人,所以想问一下妻子。

妻子说:"城北的徐公哪里能和你相比呢?"

邹忌不太相信,又问自己的小妾:"我和城北的徐公相比,谁更好看?"

小妾说:"徐公没有你好看。"

过了一会儿,家里来了客人,邹忌又问客人同样的问题,得到的答案也是"你比徐公更好看"。

第二天,邹忌看到城北的徐公,觉得自己的相貌比徐公差远了。

于是，在随后上朝时，他把自己这段经历告诉了齐威王。他说："我的妻子夸我美，是因为偏心我；小妾说我比徐公好看，是因为她怕我；我的客人说我比徐公好看，那是有求于我，其实我发现自己并没有徐公好看。现在齐国的土地千余里，城池也超过了100座，王宫里的女人和大臣们没有一个不想讨大王喜欢的，朝廷上的大臣没有一个不害怕大王的，全国的百姓没有一个不有求于大王的。从这种情况来看，大王您听到的都不是真实的事情啊。"

齐威王十分赞同邹忌的观点，觉得不能偏听偏信。于是，他下了一道命令："不论朝中大臣、地方官吏，还是老百姓，当面指出我有错的，就能得到上等的赏赐，上书给我的得到中等的赏赐，能在大庭广众之下议论我的人得到下等赏赐。"

如果邹忌一开始就对齐威王说："你不能偏听偏信，而要鼓励大家提建议。忠言逆耳，大家提建议对齐国是有好处的。"你觉得齐威王会听吗？聪明的邹忌没有这么做，而是先讲一件亲身经历的小事，由个人小事联想到国家大事，这种以小见大、层层递进的表达方式很容易让齐威王接受。

改变一个人的思想观点是世界上最困难的事情之一。然而，演说者又不得不面对这个棘手的问题。但是，如果你能掌握层层递进的说服艺术，并在演说时娴熟地运用，那说服听众接受你的观点、认同你的思想，就是一件很简单的事。

接下来，我们就来看看慢递进说服听众的3个步骤，如图4－6所示。

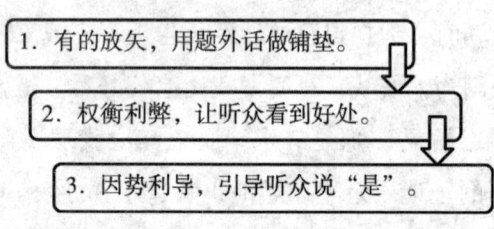

图4-6 慢递进说服听众的3个步骤

（1）有的放矢，用题外话做铺垫

回头看看《邹忌讽齐王纳谏》这个典故，邹忌在正式说服齐威王之前，先讲一件自己亲身经历的小事。起初，这件小事看似与说服主题无关，实际上后来我们发现，它是说服齐威王的重要铺垫。可见，铺垫性材料的选择是有的放矢的，一定要针对演说主题。

这一点与前文我们讲到的现身说法式开场白颇有相似之处，在现身说法式开场白中，我们所讲的经历也是与演说主题相关的，是为引出演说主题服务的。

（2）权衡利弊，让听众看到好处

有个身强力壮的男人试图将一头牛赶往牛棚。他用尽浑身力气推牛，不停地用鞭子抽打牛，还大声吆喝，但牛仍站在原地不动。一位挤牛奶的女工看见了，抓了一把草放进牛嘴里，然后轻松地将牛牵进了牛棚。

为什么女工达到目的了？因为她从牛的角度思考问题，让牛看到了好处。同样，在演说中，我们也应该从听众的角度考虑问题，讲对听众有价值，能够吸引听众的观点。更确切地说，要让听众看到好处。

第二次世界大战时，美国军方推出一种保险：每个士兵只要交10

美元，若在战场上牺牲了，家人可以获得1万美元的赔偿。对于这个保险，大多数士兵都非常抵触，认为这很不吉利。

各连连长绞尽脑汁做思想工作，就是说服不了士兵们。后来，有个老兵毛遂自荐，表示要说服大家。于是，军方将士兵召集起来，让这个老兵发表演说。

老兵对大家说："弟兄们，我所理解的这个保险是这样的：战争开始了，大家都会被派往前线。假如你投保了，一旦不幸牺牲，政府就得赔你1万美元。但如果你没有投保，在战场上牺牲了，政府不会掏一分钱。各位想想，在这种情况下，没买保险的士兵会不会率先被派上战场呢？"

老兵话音刚落，士兵们纷纷踊跃投保，因为没人愿意被率先派上战场。

这就是权衡利弊在演说中发挥的影响力。几乎所有人都关心自己的利益，只要你的演说让他们认清了好坏利弊，他们自然会认同你的观点。

（3）因势利导，引导听众说"是"

在对演说主题做了适当铺垫之后，我们可以因势利导，引导听众说"是"。心理学研究发现，当一个人频繁回答"是"时，他会形成一种肯定的意念。这对说服他接受你的观点是很有帮助的。

让听众不断说"是"；是为了控制演说主题的走向，让听众跟着你的逻辑走。具体来说，你可以这样做：

①先提一个不得不用"是"来回答的问题。比如，"你想不想通过着装提升个人气质？"这不是明摆着的答案吗？顾客肯定会这样想。这样想就对了，销售员就达到了自己的目的。

②再顺着第一个问题引申，继续提一个不得不用"是"来回答的问

题。比如，"想提升气质，是不是应该穿最适合自己个性的服装？"当然是这样。

③提出关键性问题——"我给你推荐的这款服装就非常符合你的个性，让你整个人看起来干练、有内涵，这款服装正好与你的气质吻合，是不是这样？"

就这样，一步步地提问，一步步地诱导客户作出你想要的肯定回答，直到客户接受你的观点。

7. 巧停顿：妙用停顿提升表达效果

笔者见过很多人在演说时，喜欢一口气说到底，中间很少有停顿。没有停顿，就意味着讲话始终处在一个节奏上，还意味着演说者没有情绪的起伏，而这是缺乏激情和感情的表现。显然，这样的演说比较缺少吸引力，会让听众昏昏欲睡。

为什么不愿意停顿呢？针对这个问题，笔者问过很多演说者，还有培训班里的学员，得到的回答有以下几种：

①停顿会丧失表达的连贯性，会减弱演说的气势。

②如果我停顿，别人可能会插话，这样会影响我的思路。

③如果我停顿，听众肯定会觉得我的思维卡壳了，以为我接下来不知道说什么。

④我演说时很紧张，通过快速不断地讲话，可以掩饰紧张。而如果停顿，听众会看出我的紧张。

其实，以上四种想法是对停顿的误解。停顿并不会丧失表达的连贯性，也不会暴露你的紧张，更不会让人觉得你的思维卡壳了。实际上，有效的停顿可以让你显得从容不迫，从而提升你的气场。

在演说过程中，恰当的停顿具有以下几种作用：

①强调重点，加深听众的印象；

②给听众思考和理解的空间；

③制造悬念，激发听众的好奇心；

④调整思路，有效地组织接下来的语言；

⑤创造意境，增强演说气氛。

在这里，笔者要特别说明第四个作用。很多人讲话不停顿，越说越快，尤其是在演说时，受到紧张心理的影响，很容易出现思维跟不上嘴巴，导致大脑短路、表达中断的现象。情急之下，他们乱用填充词，比如"嗯""啊""哦，不对"，这会直接影响演说效果。

有个学员跟笔者讲了她的一段社交经历。她是一家艺术品公司的行政主管，相貌出众，形象气质俱佳。在一次鸡尾酒会上，她主动走到公司领导者身边，想和她聊一会儿。当领导者与她聊到一个她不太擅长的话题时，她变得有些紧张，语速开始加快，直至失去了控制，脱口而出一句粗话。这个致命的错误让她从一个"形象气质俱佳的女主管"瞬间变成了一个"缺乏修养的女人"。

关于停顿在表达中的重要性，美国作家马克·吐温曾说过："恰当的停顿比任何语言都有效。"停顿不仅可以防止因急于表达而出错，还能有效地吸引听众的注意力，大大提高表达的趣味性，这一点在英国首相丘吉尔的身上得到很好的印证。

丘吉尔在一次演说中说："我们现在的生活水平比历史上任何时期都高，我们现在吃得很多。"讲到这里，他故意停了下来，看着听众好一会儿。然后，盯着自己的大肚皮说："这就是最有力的实证。"

在这段对话中，丘吉尔妙用了一个停顿，很好地吸引了听众的注意力，然后又用"盯着自己的大肚皮"这个体态语进行论证，产生了妙趣横生、令人捧腹的表达效果。

那么，我们该如何运用停顿，为演说增添趣味和色彩呢？其运用技巧如图4-7所示。

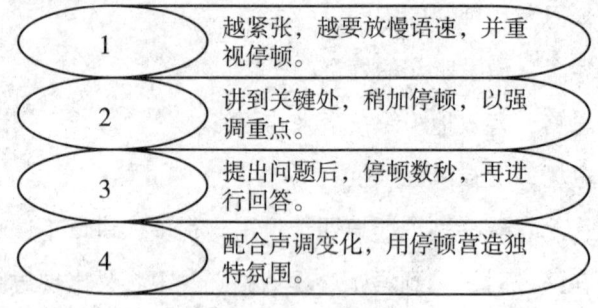

图4-7 运用停顿的4个技巧

（1）越紧张，越要放慢语速，并重视停顿

当我们在演说中感到紧张时，会不受控制地加快语速。而语速太快，很容易造成表达含糊不清，造成听众不能准确接收信息。对于这种情况，建议大家整体放慢语速，甚至可以一句一顿。每次停顿一两秒，让听众有充分的时间去理解你的意思，也能给你预留思考和组织语言的空间。

（2）讲到关键处，稍加停顿，以强调重点

当你讲到重点概念、关键数字、核心问题时，可以稍加停顿，以引起听众的注意，从而达到强调重点的目的。比如，"今天全世界还有17个奴隶制国家，17个（然后停顿三秒）"，这样能达到强调"17"这个数字的目的，从而引起听众的注意。

有效的停顿可以让你显得从容不迫，从而提升你的气场。

在演说过程中，恰当的停顿具有以下几种作用：

①强调重点，加深听众的印象；

②给听众思考和理解的空间；

③制造悬念，激发听众的好奇心；

④调整思路，有效地组织接下来的语言；

⑤创造意境，增强演说气氛。

在这里，笔者要特别说明第四个作用。很多人讲话不停顿，越说越快，尤其是在演说时，受到紧张心理的影响，很容易出现思维跟不上嘴巴，导致大脑短路、表达中断的现象。情急之下，他们乱用填充词，比如"嗯""啊""哦，不对"，这会直接影响演说效果。

有个学员跟笔者讲了她的一段社交经历。她是一家艺术品公司的行政主管，相貌出众，形象气质俱佳。在一次鸡尾酒会上，她主动走到公司领导者身边，想和她聊一会儿。当领导者与她聊到一个她不太擅长的话题时，她变得有些紧张，语速开始加快，直至失去了控制，脱口而出一句粗话。这个致命的错误让她从一个"形象气质俱佳的女主管"瞬间变成了一个"缺乏修养的女人"。

关于停顿在表达中的重要性，美国作家马克·吐温曾说过："恰当的停顿比任何语言都有效。"停顿不仅可以防止因急于表达而出错，还能有效地吸引听众的注意力，大大提高表达的趣味性，这一点在英国首相丘吉尔的身上得到很好的印证。

丘吉尔在一次演说中说："我们现在的生活水平比历史上任何时期都高，我们现在吃得很多。"讲到这里，他故意停了下来，看着听众好一会儿。然后，盯着自己的大肚皮说："这就是最有力的实证。"

在这段对话中，丘吉尔妙用了一个停顿，很好地吸引了听众的注意力，然后又用"盯着自己的大肚皮"这个体态语进行论证，产生了妙趣横生、令人捧腹的表达效果。

那么，我们该如何运用停顿，为演说增添趣味和色彩呢？其运用技巧如图4—7所示。

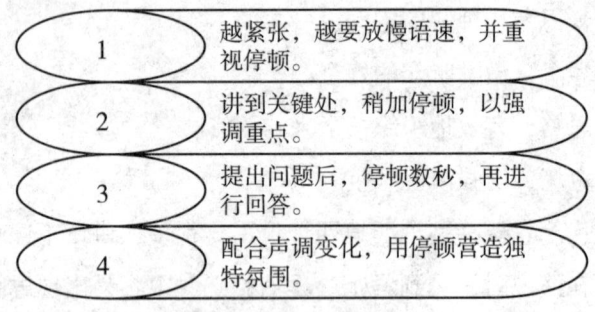

图4-7 运用停顿的4个技巧

（1）越紧张，越要放慢语速，并重视停顿

当我们在演说中感到紧张时，会不受控制地加快语速。而语速太快，很容易造成表达含糊不清，造成听众不能准确接收信息。对于这种情况，建议大家整体放慢语速，甚至可以一句一顿。每次停顿一两秒，让听众有充分的时间去理解你的意思，也能给你预留思考和组织语言的空间。

（2）讲到关键处，稍加停顿，以强调重点

当你讲到重点概念、关键数字、核心问题时，可以稍加停顿，以引起听众的注意，从而达到强调重点的目的。比如，"今天全世界还有17个奴隶制国家，17个（然后停顿三秒）"，这样能达到强调"17"这个数字的目的，从而引起听众的注意。

（3）提出问题后，停顿数秒，再进行回答

演说中，为了紧紧抓住听众的注意力，你可以先提出一个问题，停顿数秒，让听众有所思考，然后再给出答案。这样，你的解答就会成为听众的期待。只要你的解答足够精彩，就能赢得听众的满堂喝彩。

中国近现代女作家萧红24岁写成轰动文坛的《生死场》，31岁英年早逝。郭沫若在萧红墓前的5分钟演说中，讲到了"年轻精神"的话题，并问大家："什么是年轻精神的品质呢？"然后停顿数秒，待听众思考片刻仍疑惑不解时，他进行了回答："年轻精神的品质具有三个特征：真理的追求者、博爱的实践者、勇敢的战士。"

1940年5月，英国在德国强大攻势下陷入了前所未有的危机。丘吉尔临危受命，组织新一届政府，并发表演说："你们问：我们的目标是什么？我可以用一个词来回答（停顿）：胜利（停顿）——不惜一切代价去赢得胜利……"通过巧妙的停顿和有力的论证，极大地增强了语言的感染力。

（4）配合声调变化，用停顿营造独特氛围

门被推开了，里面漆黑一片（语调平缓，略作停顿）。突然，眼前一条白影闪过（声调上扬，语速加快），一阵冷风迎面扑来（拉长语调），我的心突然悬了起来。想起了前几天看的那个恐怖片，我手心发凉。可是我立马拍了拍头，笑着自言自语道："世界上哪有什么鬼（停顿）！"我伸手去开灯，发现灯坏了。我无奈地抬起头，啊（尖叫，稍长停顿）！知道我看到什么吗（停顿）？我看到了一个……

在这段演说中，演说者通过停顿和声调、语气的变化，营造了超级恐怖的气氛，使听众的心紧紧跟随他，想了解接下来发生了什么事情。

演说：把你的思想装进别人的脑袋

显然，演说者控制了听众的情绪，控制了整个演说场面。

第五章
道具：巧借道具，呈现可视化演说

在演说中，为了更好地表达主题、说明问题、表情达意，你可以借用那些与主题相关的实物、照片、图表等道具。通过它们进行恰当的展示和准确的解说，以丰富演说的形式和内容，增强演说的可视化效果，提高听众倾听的兴趣。最终，达到帮助听众更好地理解你所讲内容的目的。

1. "看得见"的演说最精彩

这是一个"视觉时代"。心理学研究发现，85%以上的信息和知识传播是通过视觉印象吸收的。这就提示我们，要设法在演说中增加可视化内容，让听众在听我们演说的同时，获得强烈的视觉体验，从而提高听众对演说的兴趣。

试想一下，同样的演说内容，一个演说有令人着迷的图像、引人入胜的视频、魅力无穷的道具，另一个只有单纯的口头演说，你觉得哪个演说更有趣呢？尽管没有要求你必须增加演说的可视化效果，但如果你这么做了，听众就会爱上你的演说。

举个简单的例子，你在演说中花30分钟告诉听众如何挥动高尔夫球杆，听众可能听不太明白，甚至还会感到厌烦。可是，如果你站在听众面前，拿着一根高尔夫球杆，演示如何挥动球杆才能准确地击球，那么听众就会全神贯注地听了。

整个过程不超过3分钟，听众就能听明白，这大大缩短了你的演说时间，并提高了你的演说效果。这就是"看得见"的演说，它能极大地丰富演说内容，增加你的演说精彩度，让听众始终保持高昂的倾听兴趣，从而赢得满堂彩。

炒菜时，放些佐料，菜的味道会更美。演说中，巧妙运用道具，效果会更好。无论你围绕什么主题进行演说，以下几类道具都值得你拥有，如图5-1所示。

第五章　道具：巧借道具，呈现可视化演说

图5-1　演说中常用的三类道具

（1）第一类道具：图片、文字、视频、声音、灯光

现代社会，电脑是演说中的常用工具。在演说的不同阶段，可以通过电脑选择不同的道具来展示，比如，图片、文字、视频、声音。也可以通过演说会场的灯光变化来营造演说气氛，增强演说效果。例如：

演说开始，演说者点击PPT，屏幕上出现一个与主题相关的物品图片；

演说继续，演说者适时点击PPT，屏幕上出现演说的要点内容，同时还有配图；

当讲到关键内容时，演说者为听众播放一个短视频，帮助听众更好地理解内容；

当讲到雷声、雨声、爆炸等情境时，演说者通过电脑加入相应的雷声、雨声、爆炸声等真实声音，使听众产生身临其境的感觉，从而增强演说的感染力；

当讲到比较激情的内容时，室内灯光通常比较明亮，当讲到比较消极、恐怖的内容时，灯光师适时调暗灯光，从而营造低沉阴森的氛围。条件好的演说会场还有高档的舞台灯，那样更能发挥灯光的辅助作用。

恰到好处地运用以上几种道具，可以在你和听众之间架起一座桥梁，很好地引起听众与你演说主题的共鸣。

（2）第二类道具：与演说内容紧密相关的物品

大多数演说都是围绕一个主题进行的（有的演说会讲多个主题），这个主题讲什么，我们就可以展示相应的实物。比如，你在做"保护水资源"的演说时，可以用透明杯子装几杯水，展示不同污染程度的水所呈现的颜色，强化听众对水污染的感受。

有时候，为了更好地说明主题，我们还可以展示多个与主题相关的实物。只要是能够表达你的观点，服务于主题的实物，都可以精挑细选出来，用在演说过程中。比如，讲到滑雪这个主题时，可以向听众展示滑雪板、帽子、雪橇等工具。而且还可以一边演示滑雪的动作，一边解释为何要这样滑雪，而不能那样滑雪。

（3）第三类道具：演说现场司空见惯的物品

在演说会场，有一类物品十分常见，它们通常不是演说者事先准备的，而是由活动主办方准备的。比如，鲜花、矿泉水、人。这些可以根据演说的需要，作为道具随时借用。

①鲜花。

演说会场，我们经常能看到鲜花，有时候鲜花放在舞台边沿，有时候放在讲台上，起到装饰会场的作用，让人看着心情舒畅。根据演说主题的需要，可巧借鲜花打开话题。

有一次,"感动中国十大人物"之一的洪战辉应邀去某中学演说。上台后,他没有急于发言,而是把讲台上的鲜花挪开。全场师生都很诧异,不明白他要做什么。等把鲜花挪到一边后,他说:"我不愿我的前方铺满鲜花,那会使我看不清前行的路!"

沉默了几秒后,台下爆发出热烈的掌声。

在这里,洪战辉用鲜花做道具,把鲜花比作荣誉,使得演说富有寓意,饱含哲理,一下子点明了演说主题。

②矿泉水。

讲台上经常摆放着矿泉水,供演说者解渴之用。很多人没有想到,这么寻常的东西,也会成为演说道具。

在第四届世界华文传媒论坛上,当知名学者易中天讲到韩非子的"以子之矛攻子之盾"时,顺手拿起两瓶矿泉水,把一瓶比作"矛",另一瓶比作"盾",并反复做着刺杀与抵挡的动作。

为了说明"痛苦是欲望造成的"这个道理,他拧开一瓶矿泉水,喝了一半,然后说:"同样是半瓶水,你可以认为'只有半瓶',也可以认为'还有半瓶'。"

通过用水做道具,易中天让听众直观地感受到了深刻道理的浅显易懂,引起了听众的共鸣。

③人。

"人"也可以被当作道具用到演说中来。比如,根据主题需要,可以邀请听众上台配合你完成一些事情;还可以向听众提问,鼓励听众作答,以更好地说明主题。在这个过程中,人就充当了你演说的辅助物,即发挥了道具的作用。

2. 作用：道具让演说充满魔力

演说，不只是说，还要"演"。这里所说的"演"是指演示，演示什么呢？演示道具。在演说时，图片、文字、视频、声音、灯光、相关实物等辅助工具的使用，可以极大地丰富演说的内容，提升演说的吸引力。具体来说，道具在演说中有以下几个作用：

第一，吸引听众的注意力。

在演说中，只靠嘴巴去说，对听众来说是单调的。如果，你能向听众展示一些生动形象的道具，就可以瞬间令听众产生兴趣，并将注意力集中到你身上。就像一杯原本平淡无味的开水加入了茶叶，立刻变得醇香无比。

第二，帮助听众了解演说者传达的信息。

接收信息最有效的工具是视觉。运用道具去演说，就是用最有效的信息传递方式，去满足听众的视觉体验。比如，展示几张有震撼力的图片，或展示相关实物，可以帮听众更好地理解演说主题。

第三，加深听众对演说内容的记忆。

俗话说："百闻不如一见。"心理学研究发现，看到的事物比听到的事物更容易常驻记忆当中。在演说中，通过让听众看到道具、接触道具，进而加深听众对演说内容的记忆。

第四，给听众带来欢乐和趣味。

每个听众都希望演说的内容是丰富多彩的，演说的形式是各式各样的，道具可以让演说达到这个效果。它能带给听众生动形象的视觉体验,增添演说的趣味性,让听众感到欢乐。

第五,给演说者充当提示助手。

演说者可以做一些提示卡片,在演说过程中,给自己必要的提示,从而明确下面该讲什么内容。

道具在演说中的作用还有很多,在演说的开头、主体、结尾等不同部分运用道具,可以达到不同的演说效果,如图5-2所示。

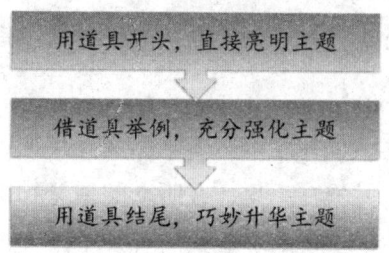

图5-2 道具在演说中的作用

(1)用道具开头,直接亮明主题

在演说开场时,通过展示道具,如照片、图画、实物等,可以直接亮明主题,让听众知道你要讲的内容是什么。例如,有位老教授应邀在某中学演说,主题是《为了我们的父亲》。开场后,他向听众展示了一幅大的油画,油画上是一位满脸沧桑的父亲。然后,他对听众说:"孩子们,你们见过青年画家罗中立的油画《父亲》吗?如果见过,还记得这位动人的中国老农民的形象吗?让我们再看一看这幅油画,再看一看我们的'父亲'……"

老教授通过展示油画,一下子亮明了演说的主题。同时,油画所蕴含的艺术美感,极大地感染了现场学生,引起听众对演说主题的共鸣。

（2）借道具举例，充分强化主题

在演说中，如果只是空讲大道理，整个演说就会变得空洞无物；如果只罗列事实，那么整个演说就会变得立意不明。因此，精彩的演说既要有触动灵魂的深刻立意，又要有感动人心的鲜活事例。怎样才能让演说同时具备这两点特质呢？最好的办法是在演说中借用道具来举例，充分强化主题，引起听众共鸣。

有一次，教育家陶行知在武汉大学演说。在演说过程中，他从箱子里拿出一只大公鸡，并抱在手里。在听众的惊愕神情中，他从容不迫地掏出一把米放在讲台上，然后按住公鸡的头，强迫公鸡吃米。

可是，公鸡就是不肯吃米，还咯咯咯地叫唤着，试图挣脱陶行知的控制。见此状况，陶行知轻轻松开手，把公鸡放在讲台上，然后退到一边。慢慢地，公鸡自己就津津有味地吃起米来。

接着，陶先生说："我认为，教育就跟喂鸡一样，强迫学生去学习，把知识硬灌输给他，他是不情愿学的。即使学也食而不化，过不了多久，他还是会把知识还给老师。但是如果让他自由地学习，充分发挥他的主观能动性，那效果一定会好得多！"

听闻此话，台下响起了热烈的掌声。

在演说中，陶先生想表达的观点就是"不能强迫学生学习"。为了说明这个观点，他没有讲大道理，而是以公鸡为道具，以鸡的道理喻教育的原则，在无声中巧妙地传达出抽象的道理：教育重在发挥学生学习的主观能动性。正是巧借喂鸡这一鲜活的事例，充分强化了主题，引起了听众的强烈共鸣。

（3）用道具结尾，巧妙升华主题

"余音绕梁，三日不绝"，这是演说结尾追求的最佳效果。一个演说者在演说结束时能够赢得听众的掌声，听到听众的笑声，往往是因为他的演说主题得到了听众强烈的认同。这也是演说圆满结束的最佳标志。怎样才能让听众强烈认同你的主题呢？这离不开巧借道具结尾，巧妙升华主题。

1930年2月21日，鲁迅先生应邀在上海中华艺术大学做演说，演说题目是《绘画杂论》。开场后，他先肯定了上古时代的绘画淳朴而充满生气。然后，他指出19世纪新派画、欧洲的新画派、中国艺术界的新派画中所存在的问题，提醒听众注意三点：不以怪炫人、注意基本技术、扩大眼界和思想，强调"艺术家应注意社会现状，用画笔告诉群众所见不到的或不注意的社会事件"。

在演说结束时，鲁迅说："我们应将旧艺术加以整理改革，然后从事于新的创造，宁愿用旧瓶盛新酒，勿以旧酒盛新瓶。这样做，美术界才有希望。以上是我近年来对于美术界观察所得几点意见。今天我带来一幅中国五千年文化的结晶，请大家欣赏欣赏。"

说话间，只见鲁迅一手伸进长袍，拿出一卷纸，然后慢慢打开，展现在听众眼前的是一幅病态十足的月份牌，引得哄堂大笑。就这样，鲁迅的演说在听众的笑声和掌声中画上了圆满的句号。

鲁迅一生做过六十多次演说，影响了几代人。每次演说他都能切中要害、入木三分、鞭辟入里。在这次演说中，鲁迅恰当地借用道具结尾，幽默感十足，不仅活跃了演说气氛，更是赢得了听众的强烈认同，从而收到了"余音绕梁，三日不绝"的轰动效应。

总之，演说的全程都可以使用道具。但要注意的是，一定要保证道具与演说主题密切相关，这样才能为演说增添色彩。

3. 文字：点睛之语震荡人心

很多人在演说时，喜欢拿着手稿照着念，或半脱稿去演说。还有人会用到PPT（幻灯片），按照PPT的文字提示去展开演说。无论是采用以上的哪种形式，都说明文字是演说必不可少的道具，也是最基础的工具。

文字就是你所要表达的内容梗概，没有文字，就没有内容梗概，没有演说结构。而且，PPT上的文字还有提示的作用，即要讲哪些主要内容，先讲什么，后讲什么等。因此，如果没有文字的辅助，我们在演说时的思路可能会变得混乱。

在演说的过程中，一段发人深省的话语可以激荡听众的心灵，带给听众极大的感染力。然而，对于文字的使用，很多人会犯以下几种错误（图5-3），导致文字对演说不但起不到辅助作用，反而会为演说的失败埋下伏笔。

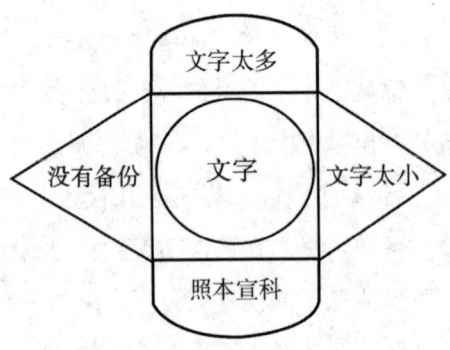

图5-3 关于使用文字的几种错误

错误1：文字太多

以运用幻灯片来演说为例，很多人为了更好地呈现演说内容，恨不得每一页幻灯片上都填满文字。然而，挤满文字的幻灯片对于听众来说，简直就是一个噩梦。因为在对照幻灯片演说时，听众的注意力也会集中在幻灯片的文字上，这样他们是在用眼睛看文字，而不是用耳朵听演说，接收信息的效果就会大打折扣。

正确的做法：

每张幻灯片上的字数要少而精，留下最精华的话、要点，甚至只写关键词，它们能够提醒你去讲该讲的内容。笔者的实践经验表明，每张幻灯片上不要超过5个要点，通常笔者只写3个要点；每个要点不超过5个字。如果要点很多，就将它们安排在下一张幻灯片上。

错误2：文字太小

与文字太多这一错误相伴随的，往往是文字太小，这二者可谓孪生兄弟。因为当文字太多的时候，为了让幻灯片挤下更多的文字，人们就会很自然地缩小字体。可字体太小，坐在后排的听众看不清，这对他们是一种折磨。

正确的做法：

为了避免字体太小，你可以把幻灯片点开，然后走到会场的最后一排，看能否看清屏幕上的文字。如果看不清，那就应该调大字体，甚至要删减一些内容，才能保证听众看得清。

另外，笔者见过有些人的演说幻灯片，上面的字体多种多样，看起来特别花哨，这样很容易分散听众的注意力。建议一张幻灯片上的字体不超过两种，标题是一种字体，内文是另一种字体；标题的字体大一两号，内文的字体小一两号，整个幻灯片都要如此统一。

错误3：照本宣科

对着幻灯片或手稿去念内容，这是演说者无能的表现，也是失败的演说最不可原谅的通病。从演说技巧的角度来看，这是非常糟糕的，因为演说者和听众没有目光接触，听众一直看着他的背面，或者看着他低头念稿子，他们会觉得很无聊，注意力就会不自觉地从他的演说上分散出去。

正确的做法：

限制每一张幻灯片上的字数，在演说时，按照幻灯片上的精彩话语、内容要点、关键词等进行扩展，自由发挥，这样的演说会更加自然。或者只念文稿上几句重要的内容，把大多数时间用来和听众目光接触，看着听众去自由发挥。

错误4：没有备份

这里指的用电脑制作的幻灯片，毕竟它是一项技术性的成果。这意味着它可能会在你最意想不到的时候出差错。笔者曾经在演说开始前几分钟，就遇到过文件中毒，无法打开或意外丢失的现象，还好有备份。

正确的做法：

在笔记本电脑里，对你演说将要用到的幻灯片进行备份，或在U盘里保存一份，或在邮箱、网盘里保存一份。这样做只为防止演说文件出了问题，给你的演说造成麻烦。

4. 图片：一幅好图胜过千句话

俗话说："一幅图顶得上千句话。"在演说中，如果能够充分运用图片这个道具，将大大提高演说的视觉性和趣味性，同时便于演说者更好地完成演说，增强演说内容在听众脑海的记忆深度。

在波斯湾战争结束之后，诺曼·施瓦茨科夫将军举办了一场著名的新闻简介会。整个过程中，他没有使用任何手稿，而是向观众展示了五六张地图，来说明盟军从战争开始一直到战争结束所做的战略部署。

会议中，施瓦茨科夫手拿一根可折叠的金属小棒，熟练地从一张地图移到下一张地图，就像乐队的指挥大师。他对每一张地图所要表达的内容十分熟悉，对战争发展的不同阶段做了解释。观众的注意力完全被这些地图和他的解说吸引了，简介会结束时，全场起立鼓掌，掌声持续了足足三分钟。

当时美国CNN（美国有线电视新闻网）对这次新闻简介会进行了全球现场直播。简介会发布几小时后，又在美国所有的网络中进行了重播。作为ABC新闻"施瓦茨科夫这场战争是如何打赢的"录像系列中的一部分，这次简介会居然成了一盘畅销的家用节目录像带。

在这个案例中，诺曼·施瓦茨科夫演说时，就是用图画作为道具，形象直观地展示了盟军和伊拉克部队在海湾战争中的调动部署情况。地图产生的可视冲击力，充分有效地表达了施瓦茨科夫的观点，远远超出了单纯语言和文字能够传达的信息量和表达效果。

图片在演说中的作用如此之大，以至于我们不得不重视它。那么，

我们应该选用什么样的图片,又该怎样使用图片来辅助演说呢?我们先来介绍,应该选用什么样的图片来辅助演说,如图5-4所示:

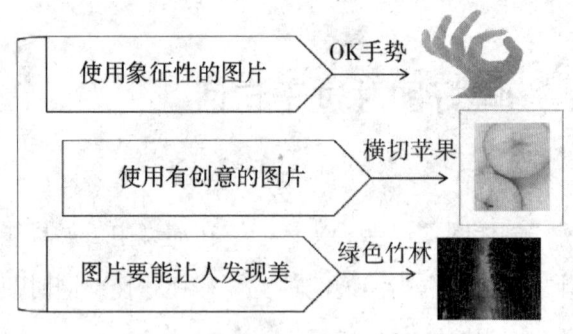

图5-4 选用图片的三个原则

(1)使用象征性的图片

有些主题比较抽象,很难用一张真实的图片反映出来。比如,规章制度、文化艺术等。在这种情况下,我们可以使用象征意义的图片。

(2)使用有创意的图片

选择图片时,一定要避免使用色调灰暗的、沉闷的图片,也要避免使用平常的、毫无新鲜感的图片。因为这类图片对观众来说缺乏吸引力,不能为演说增加亮点。因此,如果用就用有创意的图片。当然,一张图片是否有创意,是否吸引人,还要看它是否与主题契合,能否在说明主题时发挥作用。

比如,在演说中为了说明一个人的绝望。你可以讲他生活多么贫穷,运气多么糟糕;也可以展示一张痛苦、哭泣的图片。但是,如果展示的是一般的图片,那很难引起听众的强烈共鸣。如果展示下面的图片，效果会怎么样呢？如图5-5所示。

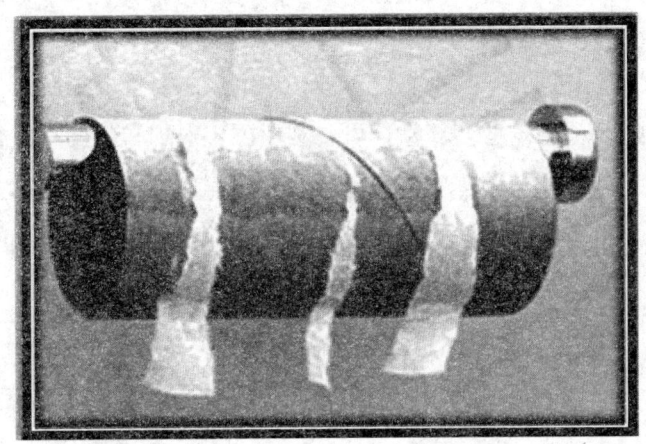

图5-5 趣味又扎心的图片

人生中最令人绝望的事情有太多太多，但如果非要说出一件，那很可能是上完厕所发现没纸了，或许只有这种情景才能表达出我们欲哭无泪的绝望感。这样的图片能够让人在哄然大笑之后长久回味，因为它有趣，所以很容易获得观众的认同感。

（3）图片要能让人发现美

美好的事物总能触发我们内心深处的渴望。一张漂亮的图片，可以让观众摆脱俗套和单调，从而获得美好的视觉享受，也可以引导他们进入一个丰富多彩的世界。无论你的演说主题是什么，都要努力发现美，努力促使听众发现美。当然，每个人的审美观不同，我们不必强求让每个听众都觉得美，让大多数人觉得美就很成功了。

寻找一张好图片，与你的审美观有很大的关系，但也与寻找、选择图片的技巧有关系。你可以从网上去搜索关键词，也可以平时留心收集好的图片，以备不时之需。不过，那些适合用于幻灯片背景的图片，有一个共同点：图片的主要元素集中在画面的一侧，而且留有一部分的空间便于编辑文字。

当然，如果你实在找不到好图片，可以按照演说的主题需要，对现有的图片进行适当的剪切，甚至可以利用PS，对现有的图片进行修改、加工。但无论如何，善于发掘图片的含义，再加上富有创意的文字，让图片与文字带给听众震撼力和启发性，这或许是最重要的运用图片的技巧。

选好了图片之后，我们在演说中又该怎样去使用呢？如图5-6所示。

图5-6　运用图片辅助演说的注意事项

①一页幻灯片上只放一张图片。

一张图片胜过一千个字，并能给你的演说加分，这是事实。但关键是，不能滥用图片，图片太多，会分散主题，分散听众的注意力。一定要确保图片能够说明主题，并且风格要与演说内容一致。因此，选用图片要坚持少而精的原则。一页幻灯片上只放一张图片，这是使用图片的原则。

②一张图片只说明一个内容。

你可以将所要讲的内容分为多个小点，每个小点就用一张图片去表达，图片可以产生一种吸引听众的作用，让听众将你讲的话与这张图片产生某种联系。

如果，你演说的主题包含飞机、火车、巴士以及的士等方面的内容，那么，你可以把每个方面的内容用一张图片展示出来，且全屏显示该照片。展示一张飞机图片，代表飞机这一方面的内容；展示一张火车照片，代表火车这一方面的内容；展示一张巴士照片，代表巴士这一方面的内容；展示一张的士照片，代表的士这一方面的内容。通过展示照片，可以给听众足够的思考空间，增加听众对你所说内容的认同度。

③时刻记住你是演说的主角。

听众大老远来到这里，是为了听你讲话，而不是为了看幻灯片上的文字。你可以采用一张图片来让观众对你所讲的主题有个大概的了解，而细节则由你说出来。

5. 视频：视频短却有超常冲击力

现代社会，伴随着科技进步，演说的道具也是层出不穷。但凡是一个较为正式的演说，都不会缺少电脑、电子投影仪、舞台灯光等设备。在设备齐全的现场环境的支持下，演说者可以准备幻灯片、短视频、动漫、动画片等各种形式的演说内容，从而极大地丰富了演说的形式和内容，增强了演说的趣味性。

多年以来，笔者见过很多演说者跟随一段短视频、动漫、动画片进行演说，这样可以保持演说的节奏和新鲜感。比如，工业设计师罗斯·洛夫格罗夫在TED的演说，就借助了短视频，带观众踏上了一段难忘的创意之旅。

身为演说培训讲师，笔者也经常借助视频、动漫和动画片来进行演说。笔者认为，视频、动漫对演说是很有帮助的。举个简单的例子，在一次演说中，笔者为了说明乌鸦是有智慧的，特意播放了一个视频短片，展示了一只乌鸦用小树枝将凹槽中的食物弄出来的过程。这段视频比讲任何有关乌鸦有智慧的故事都有说服力。

关于用视频来演说的案例，笔者印象最深的是被称为"饰演周总理专业户"的刘劲，在中央电视台《开讲啦》的节目上做的一次演说。

"大家好，我是演员刘劲，今天到了《开讲啦》这个舞台，先请大家看一个动画。"这是刘劲演说的开场白，非常简单。为了引出他要讲的主题《用一辈子做好一件事》，他在开场之后为观众展示了一段动画片。

动画片里有一只小熊，一开始它排在队伍的后面。当它看到另一边的一支队伍人少时，就排到那支队伍后面。谁知刚换队伍，又发现原来那支队伍的人更少，于是它又回原队伍排队。就这样，其他同伴都顺利地排到了队伍的前端，只有它还在队伍的后面。

看完动画片后，刘劲说："我想我们很多人在生活中排队都遇到过这种情景，我们很多人还扮演着其中那个小熊的角色。我们站在路的这一头，看见一个路口，就想那条路的尽头肯定有非常美丽的风景，于是就走下去了，走走走，这边又出现一个岔路口。于是乎，我们又往那儿走，就这样反反复复地犹豫彷徨。有很多人问我，刘劲，你怎么做到的？作为一个专业的职业演员，那么好的年华，周而复始，反反复复地做一件事，只演一个人物？我会告诉他，我在用一辈子做好一件事！"

在这场演说中，刘劲用一个小动画片，很好地说明了他的演说主题，让观众明白：一个人做事是否专心决定了一辈子的成败。而刘劲本人就是这方面最典型的例子。从他成名前的的奋斗史，到成功饰演周总理多达40多次，整个演说都是围绕这个中心来展开的，让观众产生了强烈的共鸣。

从这个演说例子中我们可以发现，恰当地使用视频、动漫、动画片等可以让演说产生非凡的效果。但我们应该怎样运用这类工具呢？这就涉及一些具体的运用技巧，如图5-7所示。

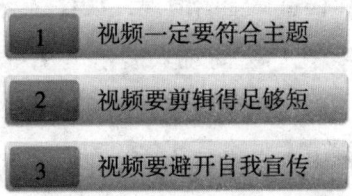

图5-7 运用视频辅助演说的注意事项

（1）视频一定要符合主题

这一点是老生常谈的问题，不光是视频、动漫、动画片要符合演说主题，图片、实物等道具也要符合演说主题。只有符合主题，道具才能为演说服务，才能从视觉和听觉两方面带给听众强烈的刺激和深刻的共鸣。

（2）视频要剪辑得足够短

在使用视频、动漫、动画片这类道具时，一定要保证它们足够简短，最好控制在3分钟以内。如果整个演说时间在10分钟以内，那你的视频长度最好控制在1分钟左右。因为如果你长时间地播放视频，就有舍本逐末之嫌疑，会让整个演说失去原本的意义。要知道，听众是来听演说的，视频只能为演说服务，而不能代替演说。

(3)视频要避开自我宣传

在选用视频时,建议别使用自我宣传类的视频。有些企业领导者在演说时,喜欢用企业宣传视频,这样看起来像是自我宣传或传递企业的资讯广告,而不像是纯粹意义上的演说,很容易遭到听众的自动屏蔽。

还有一些演说者,他们会向观众展示电视台对他的采访视频。笔者曾看过有演说者这么做,但是效果真的不敢恭维。作为听众,没人想了解你的自大,听众都来到现场听你演说了,说明他们认可你,你为什么还要强调自己的优秀呢?这真的没必要。如果真的没有合适的视频来为你的演说服务,那你最好不要用视频。滥用视频比不用视频效果更糟糕。

6. 实物:选对相关物演说,主题自明

有个成功人士被邀请去做演说,主办方请他给听众们分享自己的成功经验。

演说开始,帷幕徐徐拉开,呈现在舞台中间的是一个悬挂的大铁球。成功人士什么也没说,只是拿起一个小锤子敲击铁球。听众不知道他在干什么,都感到很好奇。

1分钟过去了,3分钟过去了,5分钟过去了,大铁球还是纹丝不动。有些听众开始坐不住了,会场有些骚乱。

此时成功人士还是一言不发,继续埋头用小锤子敲击大铁球。

10分钟过去了,铁球开始轻微晃动;13分钟过去了,铁球出现了明显晃动;15分钟过去了,铁球剧烈地晃动起来。这个时候,现场只剩下

三分之一的听众。

成功人士终于开口了,他对大家说:"我以前之所以失败,是因为我像那些离场的人一样,还没等到奇迹出现就失去了耐心和坚持。后来我之所以成功,是因为我像在座的朋友一样耐心坚持。"

顿时,会场爆发出经久不息的热烈掌声。

在这个演说中,道具起到了至关重要的作用。可以说,如果没有大铁球和小铁锤这两个道具,这个演说就不存在。正是通过道具的展示和演示,挖掘出了听众们心底的呼唤,激发了听众对主题的认同,将演说推向了高潮。

在演说中,借用实物可以给听众带来强烈的视觉冲击力,也有利于营造符合主题演说的氛围。在运用实物演说时,要做到以下两点:

(1)不只是展示实物,还应该向听众演示

乔布斯在演说中,就喜欢向合作伙伴、客户、听众展示实物产品。可以说,现场展示或演示产品是乔布斯演说的一个重要组成部分。

2007年6月,乔布斯在苹果公司全球开发者大会上做演说,主题是发布代号为"花豹"的新版OS X操作系统。在演说中,他介绍了该操作系统中的10项新功能。

在介绍新功能时,乔布斯没有简单地用幻灯片罗列、解释,而是坐下来给观众演示这些功能,让观众直观地了解这些新功能到底是怎么回事。不仅如此,他还亲自从这10项新功能中挑选了一些重点强调,以便给听众留下深刻的印象。

有时候在演说中没办法展示实物产品的全部,那么我们可以想办法展示实物产品的一部分。请看下面的案例:

斯坦巴克是一位出色的安全玻璃销售员,他的业绩始终稳居北美地区的第一名。在一次顶尖销售员的颁奖典礼上,主持人问他:"斯坦巴克,你究竟用什么方法使你的业绩总是保持第一呢?"

斯坦巴克说:"每次我见客户时,我都会带许多长宽都为15公分的玻璃块,还带一把小锤子。见到客户后,我第一句就问客户相不相信安全玻璃。如果客户说不相信,我马上把玻璃放在他们面前,然后用锤子砸。当客户发现玻璃没破时,都非常惊讶,说:'真是太神奇了'。这时我就问他们:'你们打算买多少?'整个销售过程不到1分钟。"

当然,对于有些产品,我们既无法将实物搬到演说现场,也无法展示实物产品的某一部分。比如,大型机器制造商在向客户做演说时,他们很难把大型机器搬到演说现场,除非邀请客户去生产车间,现场给大家做演说。在这种情况下,为了更直观地传递产品信息,可以借用产品模型来演说。这样也能让听众获得直观的感受。

(2)不只是展示实物,还让听众体验实物

在演说中,仅仅是展示实物或向听众演示实物是远远不够的。如果条件允许的话,我建议大家邀请客户参与到产品演示中来,让客户操作一下产品,体验一下产品的出色性能。这样更能激发听众的兴趣,吸引听众保持强烈的关注度。

比如,4S店的营销人员向顾客介绍新车时,不仅仅是打开新车的发动机舱盖,打开车门,让顾客看到新车的内部构造和内部空间,还会鼓励顾客坐进车内体验座椅,甚至允许顾客驾驶新车,体验一下车的性能和驾驶感受。通过这种体验式营销,带给顾客视觉上、触觉上、感觉上、听觉上的多重刺激,从而打动顾客作出购买决定。

继续上面斯坦巴克的销售故事。在斯坦巴克分享了销售秘诀后,同行纷纷效仿,但过了一段时间,大家发现斯坦巴克的业绩还是稳居第

一。在另一次颁奖大会上,主持人问了斯坦巴克同样的问题:"为什么你的业绩依然第一?"

斯坦巴克笑着说:"原因很简单,我知道很多人会效仿我的做法,所以从那以后,我就改变了做法。当我拜访客户时,我会把玻璃放在他们面前,把锤子递给他们,让他们自己来砸玻璃。"

看到这里,我们不禁对斯坦巴克产生佩服。他不仅懂得向客户展示产品,而且会鼓励客户参与到产品体验中来,从而让客户获得最真实的产品使用体验,最终获得签单。

值得注意的是,不管是邀请客户参与到产品体验中来,还是邀请听众参与到实物体验中来,我们都应该先跟他们讲清楚注意事项,以免对方操作不当,损坏了产品或实物,给销售或演说带来麻烦。

以演说中让听众体验实物为例,演说者在鼓励听众体验实物时,可以在一旁指导听众怎么做。比如,听众在操作实物时,演说者可以在一旁说:"第一步,按住左键,很好!接着,点击右键,你看,它就开始自动工作了。就这么简单!"这样会让听众熟悉操作流程,感受操作的便捷。

7. 运用道具演说的注意事项

道具在演说中起着重要的辅助作用,甚至有时候能够完全代替演说(比如,前文小铁锤敲击大铁球的演说案例)。不过,要想使道具的作用完全发挥出来,为演说增光添彩,而不拖演说的后腿,给演说制造不良影响,还需注意以下事项(图5-8):

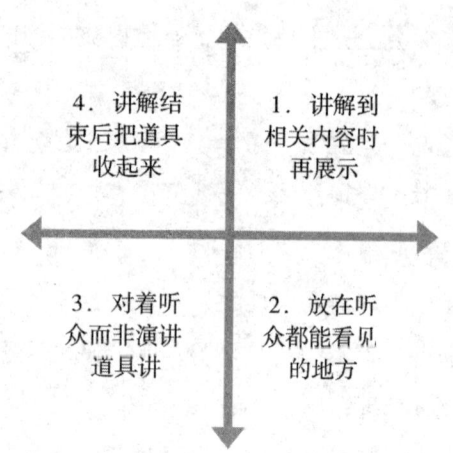

图5-8 运用道具辅助演说的注意事项

（1）讲解到相关内容时再展示

有些演说者喜欢提前把道具拿出来，放在讲台上，或放在手边，以便在讲到相关内容时，随手就可以展示道具。但这很容易使一些听众分心。听众会想：那是什么东西？是干什么用的？这不利于听众集中注意力倾听演说。

正确的做法是，先把道具放在听众看不到的地方，等讲解到相关内容时，再把道具展示出来。招贴板上的图表、图形或图画，PPT上的图片等也一样，不能提前展示出来。你可以用一块布将招贴板遮住，或不打开PPT文档，等到需要的时候，再把布拉掉，或将PPT文档打开。

（2）放在听众都能看见的地方

在展示道具时，一定要把道具放在听众看得见的地方。为此，你最好做到这样几点：

①提前去演说会场看看，计划把道具放在什么地方。

②如果可以的话，把道具放在讲桌上，然后你站在一旁讲解。

③如果把道具放在讲桌上还不能让全体听众看见，你不妨把道具高高举起来，或者拿着道具沿着听众席过道走一圈，让大家都能近距离观看道具。

④如果道具较大，放在讲桌上也可以保证最后一排听众清楚地看到。

⑤若想赋予道具神秘色彩，你可以用布将它遮住，放在身旁的桌子上。演说中，有意无意地提到它，但就是不说出它是什么，让听众既好奇又期待，一直等着你揭开谜底。

（3）对着听众而非演说道具讲

在展示道具时，你应该对道具进行解释，让听众明白你展示这个道具的意图，想说明什么问题、论证什么道理。在解释道具时，切勿背对听众，看着道具讲解。如果道具在电子屏幕上，那千万不要照着屏幕去读幻灯片或解释上面的图片、图表。因为如果你的眼睛一直盯着屏幕、盯着道具，就会失去与听众的视线联系。这样你就不知道解释的内容是否被听众理解。因此，正确的做法是：

①一边讲解，一边看着听众，把视线主要集中在听众身上。比如，"大家可以看一看，我手里拿着的是一块……""请大家看一看该物品的这个地方……"通过引导让听众更好地了解道具，更好地领会演说的主题。

②在条件允许时，可以利用道具做示范。比如，展示产品的操作方法，甚至可以邀请听众上台体验产品的操作方法。这比单纯地讲解效果好上百倍。

(4) 讲解结束后把道具收起来

有些演说者会把道具交给听众传看,试图让听众零距离接近道具,更好地了解道具。然而,一旦道具到了听众手里,你就麻烦了。传看道具的过程中,现场肯定嘈杂混乱,大家你一言我一语,你催我,我催你,这会直接打断你的演说,分散听众的注意力。因此,正确的做法是:讲解完成后,立刻把道具收起来,或让人拿走。

第六章
说服：逻辑到位，一句话就能说服

演说的时候，你讲了一堆话，听众却听不懂你在说什么，抓不住你演说的重点。这种情况极有可能是你的逻辑出了问题。没有逻辑的演说，意味着无法准确传达信息、表达思想，这会直接失去听众的好感，使演说无法达到预定目的。因此，每个演说者都要重视表达的逻辑，逻辑到位才能轻松影响听众。

1. 清晰的逻辑是演说的关键

"王子喜欢邻国的公主,他说服了国王,迎娶了公主,过上了幸福美满的生活。在这之前的几个月,王子与女巫进行了一场决斗,杀死了女巫。在这之前,王子每天练习剑法,终于在决斗中战胜了女巫。因为他喜欢公主,而女巫不允许他和公主恋爱。所以,王子决心除掉女巫。对了,这是一个古老的童话故事。"这是笔者的一名学员在演说培训课堂上所讲的故事。听完这个故事,你能理清其中的逻辑,明确它在讲什么吗?笔者当时未能立即明白,而是思考片刻后,才理顺了其中的逻辑。经过笔者的指导,他把这个故事重新讲了一遍。

"在一个古老的王国,王子爱上了邻国的公主,正当他打算追求公主时,邪恶的女巫出现了。她对王子说:'公主是我的,你和公主不能在一起,永远不能!'怎样才能和公主在一起呢?王子暗下决心除掉女巫。于是,他拜师练习剑法,然后向女巫下战书,最终在决战中杀死了女巫。后来,王子又说服了国王,顺利迎娶了公主。"再看这次讲述,逻辑清晰,简单易懂。对比前一次讲述,让我们认识到逻辑在演说中的重要性。清晰的逻辑不仅可以提高表达的准确性,还能提升演说的感染力,带给听众听觉上的享受。

那么,什么是清晰的逻辑呢?我们不妨看看下面两组数字,如图6-1所示:

第六章 说服：逻辑到位，一句话就能说服

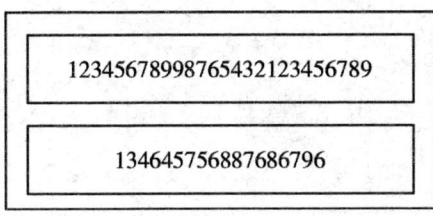

图6-1 两组数据的对比

第一组数字中的字符数比第二组多，但我们仅用2秒就可以记住它。而第二组数字的字符虽然少很多，但花上10秒也不一定能记住。清晰的逻辑就好比第一组数据，由于它对内容进行了合理的排列，听众能够轻松地理解、准确地记忆。

任何一场成功的演说，首先应该是逻辑清晰的。演说者必须清楚自己要讲的内容及其逻辑是什么。比如，开场白讲什么，主题内容怎么展开，铺垫在哪里，高潮在哪里，怎样承上启下，结论是什么，等等。

清晰的逻辑就好比演说的骨架，能够引导演说者亦步亦趋，环环相扣地说明问题，表达观点，影响听众，直到说服听众。一场演说的主题再复杂，耗时再漫长，只要有清晰的逻辑，演说者就能做到掌控有度，听众就不会觉得枯燥。

既然清晰的逻辑是演说的关键，是影响和说服听众的保证，那么，怎样才能让演说具备清晰的逻辑呢？下面，就让我们来了解一下让演说具备清晰逻辑的五大原则，如图6-2所示：

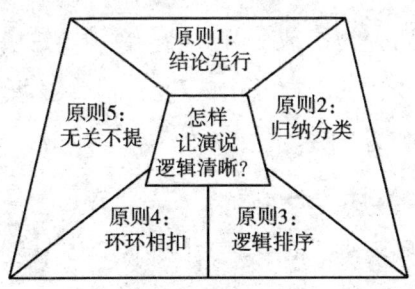

图6-2 逻辑清晰的五大原则

原则1：结论先行

无论是在工作汇报中，还是在主题演说中，结论先行都是体现逻辑性的一个重要原则。结论先行的最大好处是，能让听众马上明白你要表达的主题和观点。而不遵循结论先行原则的表达，往往会让听众越听越烦躁，最后失去耐心。

"姜总来电话说，他明天下午3点之后不能参加会议。陈总说，他不介意晚一点开会，把会放在明天也可以，但10：30之前不行。刘总的秘书说，刘总中午才能从上海赶回来。所以，建议把会议时间放在明天中午到下午三点之间，您看行吗？"看到这一连串的话，想必你已经被弄得晕头转向了，哪还有耐心去听后面的结论。如果用结论先行的方式来表达，效果会怎样呢？我们不妨来看一看。

"我们可以在明天中午到下午3点之间举行会议，因为这样姜总、陈总、刘总都能抽出时间来参加。"这样是不是意思清楚很多？

在演说中，结论先行可以让你在第一时间将演说主题、观点或结论呈现给听众，让听众明白你要讲什么，为什么要讲。这样你后面所讲的内容，他们才更容易理解。

接下来，我们来看一个事例，来体会一下结论先行的重要性。

在楚汉争霸中胜出后，刘邦当上皇帝，并开始论功行赏。他认为萧何的功劳最大，封萧何为侯，给萧何很多封地。这引起了群臣的不满，大家在底下议论纷纷，认为若论功行赏的话，功劳最大的当属多次率兵攻城掠地、屡战屡胜的曹参。

对于这种情况，刘邦有些始料不及，不知道如何平息众人的不满情绪。这时关内侯走到朝堂，对文武大臣们说："曹参功劳虽大，但只是一时之功（结论）。皇上与楚王对抗五年，经常丢掉部队，四处逃避，萧何总是从关中派人弥补战线上的漏洞；楚汉在荥阳对抗多年，军中缺粮，也是萧何从关中辗转运来粮食；再说了，皇上有几次避走山东，也是萧何保全关中，使皇上顺利得到接济，这些才是万世之功。你们凭什么认为一时之功高过万世之功呢？所以，我主张萧何第一，曹参居次（总结观点）。"

关内侯的这番话结论先行，论据充分，群臣听了心悦诚服。刘邦听了，更是连连称好，于是，当即宣布令萧何排在功劳榜的首位，可佩剑上殿，上朝时不必急行。

原则2：归纳分类

很多人在购物之前，会想到要买这个，要买那个。可是从超市回来，却发现这个忘了，那个也忘了。因为太多的东西，实在没办法逐一记住。其实，要想避免类似情况再次发生，最好的办法是在购物之前，对所要购买的物品做一个归纳分类。比如，蔬菜类、水果类、日用品类、电器类，这样你的思维就清晰很多。在购买到每一类商品时，你再逐一回忆，那就不容易遗漏了。

同样，演说也需要归纳分类。首先，将你要表达的思想分为几个方面；其次，将每个方面的思想分为几个小观点；最后，逐一地表达每个小观点。任意一个方面的思想，都是对下面多个小观点的总结和概括。同层的思想属于同一逻辑范畴，这样你在表达时就不会遗漏，听众也更容易听懂你所讲的内容。

原则3：逻辑排序

当你对演说主题作了归纳分类后，你会发现有很多小观点。对于这些小观点，你要进行一个合理的排序，才能保证它们更具逻辑性。排序的方法大致有三种：

（1）按重要性排序——观点有主次和轻重之分，先讲哪一点，后讲哪一点，可以排列出来。

（2）按因果关系或时间排序——按照先因后果或先果后因的原则排序。

（3）按结构排序——先主干，后枝叶，先讲大原则，后讲大原则下的小问题。

以上三种排序方式几乎可以应对所有的情况。如果你的逻辑排序超出了这三种方式，那基本上可以断定，你的排序出了问题，需要进行更正。

原则4：环环相扣

著名的杰斐逊纪念馆坐落于美国华盛顿广场。曾经有段时间，因年久失修，纪念馆的墙壁被严重腐蚀，污渍斑斑。这件事被作为议题在国会上讨论。当时很多人提议拆除这座纪念馆，但遭到了一位研究者的反对。他站起来发表了一番充满逻辑的演说，说服大家同意保留这座纪念馆。

他说，纪念馆被严重腐蚀，原因是长久以来清洁人员使用带有腐蚀性的水清洁墙面上的鸟粪；墙面上有鸟粪，是因为附近滞留了很多燕子；燕子滞留在纪念馆附近，是因为纪念馆内有很多蜘蛛；有很多蜘蛛，是因为纪念馆里有很多飞虫；纪念馆里有很多飞虫，是因为纪念馆内的气温适宜，阳光充足，为飞虫的繁衍提供了良好的条件。

经过这一系列的逻辑推理，他得出结论：关上窗户，阻止阳光照射进来。理由很简单：阻止阳光照射进来，飞虫就失去了良好的繁衍条件；飞虫少了，蜘蛛也就少了；蜘蛛少了，燕子也就少了；燕子少了，鸟粪也就少了；鸟粪少了，清洁人员清洁墙面时，使用的带有腐蚀性的水就少了。这样墙面的清洁程度和腐蚀情况就不会继续恶化。

最终，大家被他具有逻辑性的分析说服了。

在这个案例中，研究者的演说是一个环环相扣的逻辑体系。一环套一环，一个原因导致一个结果，这个结果又是下一个结果的原因，如此循环，最终找出了产生问题的根本原因。这就是严谨的逻辑分析和推理。我们在演说时，也要保证每一个观点都有充足的论据，每一个结论都有充分的原因。这样才能说服听众。

原则5：无关不提

引出了疑问之后，就要陈述疑问和解决疑问，在这个过程中，无关于演说主题的或无关于疑问的细枝末节不要提及，这样能够保证主题不偏不倚，也能够让演说保持简洁。

有些人在讲述一件事时，会不自觉地添加一些对事情发展影响不大，甚至毫无影响的情节。这些情节的存在，会对表达的重点造成巨大的干扰。让人觉得你重点不明确，主题不鲜明，逻辑线条不清晰。所以，表达时最好直接一点，无关的情节不要讲。

2. 对比法：活用认知对比原理

在著名心理学家罗伯森·西奥迪尼的著作《影响力》中，有这样一个故事：

莎伦在一次考试中，历史得了"D"，化学得了"F"。她怕父母责备她，就编造了一个谎言，写信叫人捎给父母。信的内容是：前几天，宿舍突然起火，情况危急。为了逃离火海，她跳出窗户，结果腿摔折了，而且视力也受到了影响。

看到这里，父母十分担心莎伦的安危。但是在信的最后，莎伦说出了实情：她并没有因火灾而摔成重伤，但是她有两门考试不及格。可这时父母毫不在意，他们认为只要女儿平安无事就行，考试不及格并不重要。

这个故事充分说明，人的认知很容易受到前后巨大的对比差异的影响，继而改变对那些原本在乎的东西的态度。这就是心理学上有名的"认知对比原理"，我们可以把上面案例中两个对比事物放在一起（图6-3），孰轻孰重，一目了然，反差十分明显。

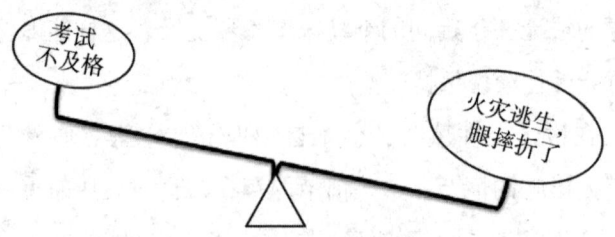

图6-3 对比造成的强烈反差

在日常生活中，认知对比原理深深影响着我们。比如，妻子想买一件800元的漂亮裙子之前，先提出一个更高的要求——去香港旅游，老公自然更容易接受她的购物想法。而在演说中，活用认知对比原理，也能达到影响听众、说服听众的目的。

美国在南北战争后，召开了一次国会议员选举。普通士兵约翰与将军陶克在同一选区，竞选一个议员席位。很多人认为，这是一场毫无疑义的较量，因为两者身份的差距太大。一个是初出茅庐的年轻人，又是普通士兵；另一个是连任三次议员的政治家，还是声名显赫的将

第六章 说服：逻辑到位，一句话就能说服

军。无论怎么比，约翰都难逃败局。有人甚至劝说约翰退出竞选，但约翰不肯放弃。

在竞选会上，陶克将军率先发言："同胞们，记得17年前那晚，我带兵与敌人鏖战，在荒山野岭中露宿了一个晚上。如果大家没有忘记那次艰苦卓绝的斗争，请在选举中，也不要忘记那个吃尽苦头而屡建战功的人。"

人们自然没有忘记陶克将军在那次关键的战斗中所发挥的作用。因此，当他讲完，台下就爆发了一阵热烈的掌声。

轮到约翰演说时，他从容不迫地上台，充满感情地说："从大家的掌声中，我就能看出各位对那次战斗的深刻印象。我也参加了那次战斗，不过，我只是一个普通士兵。我和战友们坚守阵地，与敌人殊死搏斗，我的很多弟兄都牺牲了。感谢上帝，我从那场残酷的战争中幸存下来。"

停顿了几秒后，约翰说："我想说的是，在战争期间，当陶克将军在树林中安睡时，我和战友们还拖着疲惫不堪的身躯站岗放哨，以保卫他的安全。今天我能站在这里讲话，我充分相信诸位的判断力，相信诸位一定能作出明智的选择。"

顿时，台下爆发了雷鸣般的掌声。因为他的演说道出了普通士兵的心声，激起了民众选出自己真正代言人的强烈渴望。

最终，普通士兵约翰逆袭战胜了将军陶克，当选为国会议员。

为什么我们要去听或去看别人的情感表达？在公众面前袒露心声，通常会使我们感到恐惧，所以我们喜欢欣赏电影、话剧，目的就是要直观地体会这种情感的流露。

约翰在这次演说中，之所以能够逆袭成功，一方面是因为他的演说感情充沛，另一方面是他运用了认知对比原理，给听众制造了较大的反差，引起了听众强烈的共鸣。

那么，我们在演说中，应该怎样运用认知对比原理，才能达到影响听众、说服听众的目的呢？

（1）通过介绍两个差异较大的事物去影响听众

在演说中，如果你想说服听众接受一个事物或一种观点，可以先向听众介绍另一个事物或另一种观点。只要确保这个事物或观点不如你希望听众接受的事物或观点完美，让听众看到它的缺点、不足，甚至揭露其丑态或不合理性。然后，再把你希望听众接受的事物或观点介绍给大家，在前后强烈对比之下，相信听众会择优而从之。

当然，在介绍反衬事物或观点（比较对象）时，一定要做到客观，切勿为了制造对比反差，故意丑化它。这就要求你在选择比较对象时，要选择真正能够起到反衬作用，能够制造反差的事物或观点。

（2）通过展示两个差异较大的实物去影响听众

超市里，把两个价格差异较大的商品摆放在一起，可以刺激顾客购买低价的产品。演说中，通过展示两个差异较大的实物，也可以影响听众的认知。

一位煤炭公司销售员在一次产品展销会上演说，上台后，他让人在地上铺了一张大纸，然后让人把一袋煤渣往纸上一倒，顿时，现场灰尘四起。前排的听众几乎要窒息了，大吼起来："你在干什么？"

销售员说："这就是目前很多公司在使用的煤，对不对？"

台下不少听众点头称是，有人问："你怎么知道？"

销售员说："因为这是我销售煤炭三年内调查了解到的，而且这些煤是我前几天从一家公司取样的。"

接着，销售员说："来，你再看看这种煤，看它的质量如何？"说完，他让人在地上铺了一张大纸，倒上一袋煤，这时几乎没有灰尘。台下听众感到大为惊喜。

经过这番对比，听众们认识到了两种煤的性能、质量，纷纷购买推销员推荐的煤。

无须多说，只需比较，就能打动和说服听众。在展示两种有差别的实物时，既可以先展示劣等产品或方案，再展示优等产品或方案，也可以先展示优等产品或方案，再展示劣等产品或方案。只要保证两种实物有明显优劣差异，你就很容易影响听众、说服听众。

3. 三段法：大前提+小前提→结论

有一次，法国生物学家居维叶睡午觉时被吵醒。他睁开眼睛，看见一只头上有角的"怪兽"正将两只蹄子伸进窗口，嘴里还发出一阵阵可怕的叫声，那样子似乎要一口吞掉他。居维叶冷静观察了一下怪兽后，居然躺下去继续睡觉。随后，怪兽悄悄退出去了。

事后，居维叶得知这头怪兽是学生假扮的，想吓唬一下他。可他当时并不知道这是学生的恶作剧。当学生告知他这一实情时，他笑着问："你知道为什么我不怕怪兽吗？"

学生说："因为你胆子大。"

居维叶摇摇头说："你记得吗？我曾告诉过你，有角有蹄子的动物，有什么特点？"

学生说："有角有蹄子的动物都是素食动物。"

居维叶又问:"那天你扮演的怪兽,既有角,又有蹄子,这能说明什么呢?"

学生恍然大悟:"这说明那只怪兽不吃人,没有恶意。"

居维叶说:"对了,所以我根本不用害怕。"

在这个案例中,居维叶的提问就包含了逻辑推理中的三段论法。所谓三段论法,指的是由两个前提和一个结论组成的推理过程,两个前提分别指大前提、小前提。在上面的案例中,(大前提是"凡有角有蹄子的动物都是素食动物",小前提是"学生假扮的怪兽有角有蹄子",结论是"素食动物根本不用害怕",如图6-4所示。)

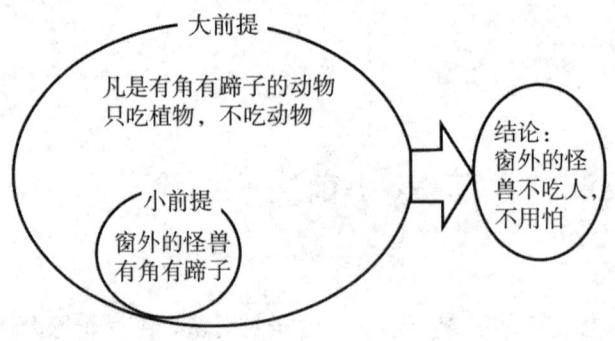

图6-4 居维叶的三段论推理

在三段论法中,大前提针对的是一般性原理,小前提则针对个别现象。在演说中,我们可以先说出一个一般性的原理,再说出个别事物、个别现象,然后得出一个令听众无可辩驳的结论,从而使听众不得不接受你的说服。

三段论法的说服力惊人,就连赫赫有名的哲学大师苏格拉底,都曾在三段论法的说服下乖乖就范。故事是这样的:

有个人对苏格拉底说:"大师,我很崇拜你,我可以请教你几个问题吗?"

苏格拉底说:"没问题。"

"所有人都会死,这句话对不对?"那人问。

"当然了,这还用问。"苏格拉底说。

"大师,你也是人,对不对?"那人问。

"这不是废话吗?"苏格拉底说。

那人说:"大师,那你也会死,对不对?"

苏格拉底愣了一下,没想到那人会这样说,只好认服。

通过小故事,我们可以感受到三段论法的说服力。在演说中,如果你能巧妙地运用三段论法,那么听众就无法说"不"。因为说"不"意味着逻辑错误,不合常理,意味着睁眼说瞎话。就像苏格拉底,他不能说"所有的人都会死是不对的",也不能说"自己是人是不对的",更不能说"自己会死是不对的"。

那么,在演说中怎样运用三段论法来实现对听众的说服呢?

(1)抛出一个世人皆知的真理

有些道理是世人皆知的,比如,人都要喝水、人都要吃饭、人都离不开空气。这些真理已经被世人视为一种生活常识。如果在演说中,我们能抛出这样的真理作为大前提,那无疑会赢得听众的认同。

在电影拍摄现场,演员要拍摄一个喝茅台的场景。可实际上,导演组给演员准备的是一瓶二锅头。演员是个酒鬼,想借机享受一顿茅台,便找导演理论。于是,就有了下面这段精彩对话:

演员:"导演,拍摄喝茅台的场景,能不能用真茅台啊?"

导演:"茅台太贵了,用真茅台来,成本太高了。"

演员:"你经常说演戏要逼真,不喝真茅台怎么能演得逼真呢?"

导演:"没错,演戏是要逼真。可是等会儿电影中还有一个喝毒药的场景,那你是不是也要喝真的?"

演员听了这话，顿时哑口无言。

在这段对白中，演员和导演都使用了三段论法，他们的大前提是"演戏要逼真"，但由于说服目的不同，两人的小前提不同。演员的小前提是"拍摄喝茅台"，结论是：要用真茅台。导演为了反击演员，采取"以子之矛，攻子之盾"的策略，他的小前提是"等会儿还要拍喝毒药的场景"，结论是：要用真毒药。这自然是不行的，所以，演员不得不接受导演组的安排。

在演说中，我们可以抛出一个世人皆知的常识作为大前提，比如，"朋友们，我们都是上有老、下有小的家庭顶梁柱，我们都要穿衣吃饭，养家糊口，对不对？"这就是一个世人皆知的大前提。得到听众们的认同后，我们再抛出小前提。

（2）针对具体主题设计小前提

在设计小前提时，一定要针对你演说的主题，即你想要表达什么，你希望听众接受你什么样的观点。延续上面的举例，"既然大家都要养家糊口，那我们就要多一点脚踏实地，少一点凭空幻想，好好工作，积极生活，努力为目标而奋斗，大家说是不是呢？"通过这样一个小前提的引导，结论就自然出现了，听众也就很容易接受你的观点——要好好工作，积极生活，努力为目标而奋斗。

4. 假设法：用假设的情境触动人心

新闻记者在采访时，经常会问被访者："假设你是当事者，你对这个问题怎么看？"企业管理者在下达任务时，经常会问下属："如果让你负责这项任务，你打算怎么做？"在这两个提问中，都包含了"假设法"。

所谓假设法，就是以假设的方式表达问题。在演说中，假设法是影响听众、说服听众常用的技巧。它可以把听众引入你假设的情景当中，促使听众展开思考：如果我在那种情境中，我会怎么想、怎么做？从而诱导听众接受你的思想观念和演说主题。

有三名销售员，被老板要求向寺庙的和尚推销梳子。

销售员A接到这个任务后，一出门心里就开骂："什么狗屁老板，和尚头发都没有，怎么用梳子？这不是故意给我找难题吗？"于是，他去寺庙转悠了一圈，对寺庙的和尚说："你们买梳子吗？"自然，得到的回答是否定的。结果，他一把梳子也没有卖出去。

销售员B接到任务后，来到寺庙，找到住持说："你们出家人以慈悲为怀，是这样吧？"

住持说："是的！"

销售员说："那你帮帮我吧，我的老板让我把这些梳子卖出去，如果卖不出去，我会失业的。你发一发慈悲之心，帮帮我，买下这些梳子好吗？"

住持见销售员不容易，善心大发，就买了几把梳子。

销售员C来到寺庙，对住持说："大师，你赶紧把全寺庙的和尚都召集起来，我有一个好消息要告诉大家。"然后，他站在高处，给寺庙的和尚们来了一次演说。

"诸位师父们，俗话说：'心诚则灵！'来寺庙求神拜佛的客人，都是对佛心存敬意的。假设客人蓬头垢面地来到寺庙，是不是对佛的不敬？因此，如果寺庙为客人准备好梳子，规定大家在拜佛之前梳理乱发，以表达对佛的敬意，大家肯定会配合的是不是？"

和尚们纷纷点头,认为销售员说得有道理。

销售员接着说:"再者,如果寺庙批发一批梳子,并将它们作为礼物送给香客,既实惠又有意义,你们寺庙的香火会不会更旺呢?"

"再假设一下,你们在梳子上刻上'平安梳''积善梳''积德梳',然后定个价卖给香客,是不是既弘扬了佛法,又弘扬了美德?而且梳子是善男信女的必备用品,女香客经常把梳子带在身上,如果大师给梳子开光,让梳子成为她们的护身符,既能积善行德,又可以保佑平安,哪个女香客不买呢?哪个男香客不给自己的亲友买一把呢?这样一来,你们寺庙的生意不就非常兴隆了吗?大师你也就成了寺庙的功德之人!"

住持听到这里,当即表态:"施主,你说得很对,你今天带来了多少梳子,我们寺庙全要了。"

为什么销售员C可以成功推销出所有的梳子呢?原因很简单,他充分运用假设法引导听众的思维,给住持和和尚们描绘了一个美好的情境。只要寺庙按照他说的那样去做,就可以实现这一美好的情境。所以,住持最终被打动了。

在演说中运用假设法时,要想办法做到以下两点:

(1)假设的情境是建立在客观现实基础之上的

在演说中运用假设法时,所假设的情境应该具备一定的可实现性,是合情合理的逻辑推演,这样听众才会动心。如果人们一听就觉得你的假设是异想天开,假设一点都不合理,毫无可实现性,听众会觉得你在痴人说梦。这样他们不仅不会被你的假设影响和打动,反而会厌烦你的演说。

比如,你想说服听众接受你所推荐的保健品,你大胆地做了一个假设："如果你们使用了我们的产品，保证不出半个月，你们的皮肤就会恢复到十八岁时的样子。"试问，这样的假设能打动人吗？肯定不行，因为它太不合理了。

换一种假设，效果会如何呢？

"如果大家使用了这款产品，半个月后，你们身体的疲惫感会逐渐消除；一个月后你们的睡眠质量、饮食状态都会明显好转；两个月后你们的皮肤也会随之改善，看起来比实际年龄年轻5岁。"这样的假设就具备一定的合理性，让听众觉得只要坚持使用你的产品两个月，是可以实现这个效果的。

（2）假设最好分步进行，而不要试图一步到位

在演说中运用假设法时，不要试图一口气假设出一个完整的情境，而应该分步描述你的假设。看看上文的销售员C，他在演说中就运用停顿，很好地分步描述了自己的假设。每次描述一段假设的情境时，都能诱导听众作出肯定的回答。最终，在他描述完整个假设时，住持被他打动了。

5. 例证法：亮明观点，举出实例

在议论文中，最常用的证明自己观点的写作方法是，先摆出自己的观点，再举出实例来证明观点。这就是例证法。在演说中，为了能够说服听众接受自己的观点，演说者也会经常用到这一招。

1941年12月7日，日本偷袭美国珍珠港，震惊世界。第二天，美国总

演说：把你的思想装进别人的脑袋

统罗斯福在国会大厦举行《关于宣战对国会的演说》，提出对日宣战。美国广播公司全程直播了这次演说。

虽然这篇著名演说只有短短6分钟，但既简明有力地表达了愤慨之情，又理智精要地分析了日本的不轨行为，产生了巨大的说服力和强大的鼓动性。如此短小精悍的演说，却能产生如此强烈的感染力，绝非一般演说家所能做到。下面，我们就来重温这篇经典的演说：

副总统先生、议长先生、参众两院的议员们：

昨天，1941年12月7日——它将永远成为美国的国耻日——美利坚合众国遭到了日本帝国海、空军有预谋的突然袭击。

美国当时同该国处于和平状态，而且应日本的请求，仍在同它的政府和天皇进行谈判，以期维持太平洋地区的和平。其实，就在日本空军中队已经开始轰炸美国瓦胡岛之后一小时，日本驻美大使及其同僚还向我们的国务卿递交了一份对美国最近一封信函的正式答复。虽然复函声言继续进行外交谈判似已无用，但并未包含有关战争或武装进攻的威胁或暗示。

应该将这一点记录在案：夏威夷同日本相距甚远，显而易见，这次进攻是许多天甚至数星期之前便精心策划好的。在此期间，日本政府故意通过虚假的声明和希望维持和平的言辞欺骗美国。

昨天，日军对夏威夷群岛的袭击，使美国海陆军部队遭受重创。我沉痛地告诉各位，许许多多的美国人被炸死。此外，据报告，美国船只在旧金山和火奴鲁鲁的公海上亦遭到鱼雷袭击。

昨天，日本政府也发动了对马来地区的袭击。

昨夜，日本军队袭击了香港。

昨夜，日本军队袭击了关岛。

昨夜，日本军队袭击了菲律宾群岛。

昨夜，日本军队袭击了威克岛。

第六章 说服：逻辑到位，一句话就能说服

今晨，日本军队袭击了中途岛。

这样，日本就在整个太平洋区域发动了全面的突然袭击。昨天和今天的事实说明了一切。美国人民已形成了自己的见解，并完全明白我们国家的生存和安全所受到的威胁。

作为陆海军总司令，我已指示采取一切措施进行防御。

我们整个国家都将永远记住这次日本对我国袭击的性质。

不论要用多长的时间才能战胜这次预谋的侵略，美国人民的正义之师必将赢得全胜。

我相信我表达了国会和人民的意志：我断言，我们不仅将尽全力保卫我们自己，而且将确保永远不再受到这种背信弃义行为的危害。

战争业已存在。谁也不能否认，我国人民、我国领土和我国利益正处于极度危险之中。

我们相信我们的武装力量，依靠我国人民的无比坚强的决心，我们必将取得胜利。愿上帝保佑我们。

我要求国会宣布，自1941年12月7日星期日日本对我国无端进行卑鄙的袭击，美国同日本帝国之间已处于战争状态。

在这篇演说中，罗斯福总统一开场就亮明了观点——1941年12月7日将永远成为美国的国耻日。然后，他介绍了日本偷袭珍珠港前后的情况，说明了日本偷袭珍珠港是有预谋的，使人意识到这次袭击带来的危机感。接着，他列出事实作为论据，来证明这一论点。最后，他呼吁整个国家都要永远记住这次日本袭击的性质，并强烈表达了同仇敌忾之心，宣布对日开战。

这篇演说结构简明，逻辑清晰，论点明确，论据夯实，分析鞭辟入里，说理直指要害。再加上罗斯福总统充满感情的演说，所以产生了强大的情绪感染力。它不仅是世界历史上最经典的一次演说，还是每个渴望提升演说能力的人应该学习的演说模板。

俗话说："事实胜于雄辩。"在演说中，若能恰当地运用例证法，可以让你的观点在铁的事实面前产生毋庸置疑的说服力，让听众接受你的观点。要想熟练自如地运用例证法，我们必须先了解例证法的基本用法，如图6-5所示。

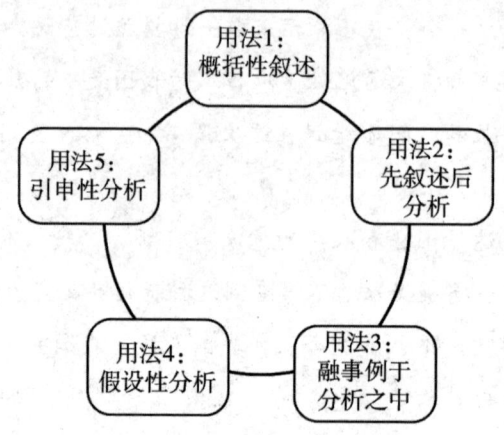

图6-5 例证法的5种基本用法

用法1：概括性叙述

用法：仅概括地叙述某一方面的事例，而不提及具体的事例。

比如，"自古以来，就有埋头苦干的人，有拼命硬干的人，有为民请命的人，有舍己为人的人……表面上看，他们有些'傻'，但实际上这才是人性的光辉，是我们中华民族应该不断传承的优秀美德。"

作用：这种例证方式概括性强，能起到以一当十的作用。

用法2：先叙述后分析

用法：先简单列举多个事例，然后对这些事例做一个总的分析。

比如，"楚霸王因自负而惨败垓下，李自成、洪秀全因自负而功败垂成，爱迪生说，任何高明的建议也超越不了我的思维，却自此再也没有建树……所以说，自负是成功路上的拦路虎，谁狂妄自负，谁就将品尝失败的苦果"。

作用：采用这种例证方式的最大好处是，便于列举出较多的典型事例。如果能用相近的句式构成排比，还可以进一步增强演说的气势和感染力。

用法3：融事例于分析之中

用法：在分析道理的过程中，简明扼要地叙述几个事例，并在分析过程中，揭示出事例的本质。

比如，"无论是批阅数十载完成《红楼梦》的曹雪芹，还是尝遍百草写成《本草纲目》的李时珍，他们的人生经历都说明了这样一个道理，那就是唯有坚持不懈地努力，才能获得卓越的成就"。

作用：可以减少举例所占的篇幅。

用法4：假设性分析

用法：事例论证有正反之分，当你手头有充分的正面事例而缺少反面事例时，可以作出反面的假设，以说明问题。

比如，"人世间的美有的是纯自然的，有的是由人类创造的。那些创造美的人，是平凡的劳动者，是质朴的匠人。假如没有达·芬奇，蒙娜丽莎不过是佛罗伦萨银行家佐贡多的妻子，她的美丽会随岁月消逝；假如没有秦国的臣民，万里长城也许永远是个传说。正是这些朴实的人，创造了灿烂、辉煌的美。"

作用：这种例证法不从正面去说，而是从反面去假设，将难以论证的观点简单化了，同时又能增强说理的力度。

用法5：引申性分析

用法：在列举事例的基础上进行合理的想象，再通过分析说理，引申出观点。

比如，"从南郭先生的故事中可以想象，在吹竽队伍中，其他乐师的积极性也高不到哪儿去。在这样的团队中，人的积极性难以提高，人的才能也不能真实地体现，卖力地吹也可以，懒散地吹也行，累了歇会儿装作吹的样子也未尝不可。试问，这样的'大锅饭'怎么能吃呢？"

作用：增加分析和论述的宽度，提升例证法的感染力。

总而言之，例证法的具体用法多种多样，采用什么方式去为演说服务，应视事例而定，视你的演说主题而定。值得注意的是，不管用何种事例法，都应该做到以下三点：

①所举的例子一定要真实而具有典型性，最好是经典故事或名人案例，这样更能创造认同感。

②叙述简明，有针对性，并能紧紧围绕演说主题。

③不能少了对事例的分析。否则，就容易造成罗列事实或事例游离于演说主题之外的毛病。这显然是无法说服听众的。

6. 反证法：利用正反逻辑进行说服

伊壁鸠鲁是古希腊著名的无神论哲学家，也是一位演说高手。

有一次，他在演说中讲道："不久前，我遇到了一位有神论者，对方说神是存在的。我说既然如此，那我想知道神是不是至善至美的？对方告诉我说，神当然是至善至美的，这不用怀疑。我说，如果神真的存在，并且是至善至美的，那么它为什么不消除世间的丑恶呢？对方说，因为神没有消除世间丑恶的能力。我大笑起来，对他说，既然神没有能力消除世间的丑恶，那它怎么是至善至美的呢？对方哑口无言。我想告诉大家的是，要想证明神是不存在的很简单，你只需问别人，'神是至善至美的吗？'"

在伊壁鸠鲁的这段演说中，他用到了一个常用的逻辑说服方法，那就是反证法。所谓反证法，指的是先假设某命题成立，然后推出明显矛盾的结果，从而证明原命题是不成立的。最终，达到反驳他人，说服他人的目的。

在上述案例中，伊壁鸠鲁先假设神存在，"如果神真的存在，那神是不是至善至美的？""如果神真存在，并且是至善至美的，那它为什么不消除世间的丑恶？"然后，推出了矛盾的结果："神既然没有能力消除世间的丑恶，那它怎么是至善至美的？"由此推翻了有神论者的观点。

反证法是演说中经常会用到的说服策略，尤其是当你带着明确的说服目的去演说，而且听众中有一部反对意见有明显错误时，运用此法可以轻松驳斥反对意见。通过先认同对方，再反问对方的方式，可以有效地缓解意见分歧，从而达到对方观点不攻自破的效果。

反证法是一种非常泼辣、犀利的反驳法，如果用得不好，很容易让人难堪。因此，要注意以下两点：

（1）面带微笑，用和善的语气去反问

运用反证法时，通常我们先认同对方的观点，然后经过反问和推理，引申出一个荒唐可笑的结论，从而反驳对方的观点。在反问的时候，一定要注意你的态度和语气，切勿言辞激烈、一脸愤然，否则，很容易让人难堪。

俄国著名的文学家赫尔岑年轻时，有一次在聚会上不想听某一首音乐，便把耳朵捂起来。主人解释说："这是一首流行音乐，是高尚的艺术。"赫尔岑笑着说："流行音乐就高尚吗？"主人吃惊地说："不高尚的东西怎么能流行呢？"赫尔岑说："感冒也很流行，那么是否可以说流行性感冒很高尚？"主人听后面红耳赤，马上扭头走开了。

在这个案例中，赫尔岑就是因为在使用反证法时，没有注意态度和语气，导致聚会主人下不来台，搞得聚会气氛急转直下，让在场的人都觉得尴尬。如果赫尔岑不是咄咄逼人地运用反证法，而是语气和善、态度友好、面带微笑，以欢声笑语的方式来反问对方，结果就会大不一样。所以，在运用反证法时，一定要注意你的态度和语气，微笑着反驳，和善地反问，效果会好得多。

（2）演说中运用反证法要与听众互动

在演说中，当你运用反证法说明问题，反驳他人观点时，请记得与听众保持互动。试着感受这样一种场面：你站在讲台上，在说明听众当中一种较为错误的观点时，笑着反问大家："如果你们认为流行的东西都是高尚的，那感冒是不是很高尚呢？因为感冒很流行啊！"反问之后，你笑着看向大家，让大家去思考、去感受，然后，和听众一起哈哈大笑，整个演说气氛是不是更其乐融融？听众是不是更容易接受你的观点呢？

7. 组合法：选择听众愿意听的去说

经常有这种情况：当你想说服某人时，尽管你充满热情，费尽唇舌，但对方却在敷衍应付，漠不关心，毫不动心。这个时候，你要做的是找到对方真正关心的东西，消除对方心理上的冷漠。最高明的做法是，先观察出对方所关心的事情，再将自己的说服目的与之融合，设计出一些有趣的问题提出来，这样必定能收到很好的效果。

举个简单的例子，你的孩子喜欢运动，但是在青春期发育的时候，却总是挑食。这个时候，你可以这样问他："你想当运动员吗？如果你继续挑食，身体发育不良，就永远没机会成为优秀的运动员了？"当运动员是孩子最关心的事，你这样问他往往能够奏效。

在演说中，要想说服听众，你就应该选择听众愿意听的去说。俗话说得好："一句话能把人说笑，一句话能把人说跳。"说什么话，怎么说，一定要考虑听众的需求和意愿。关于这个道理，我们可以从下面的案例中去体会。

佐藤先生有一辆开了很多年的汽车，已经很破了，那是他创业的时候买的，如今虽然事业有成，但他舍不得换辆新车。像他这样的人，是各汽车销售公司的最佳潜在客户,但是很久以来,没有人成功地向他出售过汽车。原因出在哪里呢?

原来,那些销售员见到佐藤先生后就说:"您这辆车太破旧了,与您的身份不符……""您这破车经常出问题,三天两头就要修理,多费时间,多费钱啊,还不如换一辆新车……"这类话让佐藤先生听得特别不舒服,所以他总是拒绝接受推销。

后来,有一位推销员成功了,他是怎么做的呢?他与佐藤先生见面后,没有发表任何批评性的意见,而是采用充满赏识的逻辑提问:"您的车子还可以至少开5年吧?现在换了是不是有点可惜呢?而且您的车已经行驶了12万公里,您的开车技术真是太高超了,您能告诉我是怎样保养这部车的吗?"

这些话一下子说到了佐藤先生的心坎里。销售员的话并非随口说,而是经过缜密思考、有效的信息组合之后才说的,他的话中隐含着"车子太旧"的信息,但表面上一个字也没说,让佐藤先生感到很愉悦。最后,佐藤先生主动表示想换一辆新车。

这就是有选择地组合信息、正确地运用逻辑表达的力量。世界第一成功导师安东尼·罗宾曾经说过:"销售没有成功,不是客户有问题,而是我们的说服有问题。"换言之,演说不能说服听众,不是听众有问题,而是我们的说服有问题。说服的关键在于有没有找准客户的需求和意愿,有没有把话说到听众的心坎里。

每个听众都希望对方说自己想听的话,因此,我们在演说时要努力捕捉听众的意愿。那么,怎样才能确保说出的话是听众想听的呢?

(1)演说之前,根据听众的身份等信息判断其需求

第六章 说服：逻辑到位，一句话就能说服

前文我们讲到，在演说之前，要了解听众的需求。这是为了确保我们所演说的内容，就是听众希望听到的内容。了解听众需求的方式很多，比如，问卷调查法、询问主办方，还可以通过演说者的经验来判断，从听众的身份、来历、年龄等信息，综合判断听众的需求。

此外，我们还可以根据演说主题前后的事件联系来判断听众的需求。在这方面，美国前总统奥巴马就做得十分高明。

2007年4月16日，美国校园枪击案发生后，奥巴马一面抹着眼泪，一面语无伦次地吼道："再也不能让'美国枪支'这个毒瘤危害无辜的孩子们了。"奥巴马表示，一定要惩办凶手，而且到了该取消美国私人可拥有枪支的时候了，因为私人拥有枪支的可怕要比财政悬崖危险千倍、万倍。

然而，后来当美国"拥枪协会"和"反拥枪组织"因该不该取消私人拥有枪支的政策而争论不休时，奥巴马却站出来这样调解纷争："我们应该坐下来好好思考：如何才能保管好自己的枪支，制定一个最稳妥、最有效的方案。"

奥巴马还说，要想彻底杜绝枪击案的发生，不仅要从形式上，还要从思想根源上，开展一场认真的"纠枪"战争，建立起保护孩子的防火墙。这次发言，为奥巴马赢得了美国民众的大力支持。

前面说要取消美国枪支，后面又说应该好好思考如何保管好自己的枪支，两种言论显然大不相同。但实际上，这都是奥巴马在准确把握听众需求的基础上来选择组合的信息。前面说取消枪支，是在美国校园枪击案发生之后，当时全民恐慌，在此背景下，奥巴马的言论是为了安抚民众的恐惧心理。

后面说要思考如何保管自己的枪支，是在"拥枪协会"和"反拥枪组织"争论处于白热化的阶段，奥巴马明确地支持哪一方都不太合适，

所以，他选择折中的办法调解纠纷，既不表示取消枪支，也不表示支持私人拥有枪支，而是说要思考如何保管自己的枪支，从其他方面保护人们的生命安全。这两种不同的言论最终赢得了美国民众的支持。

（2）演说过程中，根据听众的反应判断听众的需求

在演说过程中，当你发现听众在台下打瞌睡时，你就应该意识到自己的演说内容不受欢迎，不是听众希望听到的。这个时候，你应该不动声色地巧妙改变演说内容。

一般来说，听众对演说内容不感兴趣，会表现出以下几种行为：
①目光呆滞，一看就知道走神了；
②眼神游离，四处乱晃；
③低头不语，手里摆弄着什么，很可能是在玩手机；
④交头接耳，小声地议论着什么。

反之，当你发现听众在台下睁大眼睛看着你，全神贯注聆听你，甚至在你悬念迭起的演说面前不断发出惊呼声，那说明你的演说内容正是听众想听的。因此，你应该继续讲下去。

当然，判断听众对你的演说内容是否感兴趣，要看大多数人的反应，切勿因个别和少数人的不良反应，而认为自己的演说内容不是听众想听的。

第七章
控场：从容不迫，场面尽在你掌握

演说的时候，你讲了一堆话，听众却听不懂你在说什么，抓不住你演说的重点。这种情况极有可能是你的逻辑出了问题。没有逻辑的演说，意味着无法准确传达信息、表达思想，这会直接失去听众的好感，使演说无法达到预定目的。因此，每个演说者都要重视表达的逻辑，逻辑到位才能轻松影响听众。

1. 眼神控场：通过视线的转移来控场

眼睛是心灵的窗户。当你站在讲台上演说时，听众会透过你的眼睛，看到你是否充满自信，是否对个人观点坚信不疑。对于眼神，美国作家爱默的评价是："当眼睛说的这样，舌头说的那样时，有经验的人更相信前者。"

也许你认为自己讲得很好、很完美，但只要你的眼神透露出一丝胆怯。比如，不敢与听众对视，回避听众的视线。那么，听众就会感知你的不自信、紧张、不坚定等负面心理。这样你就很难真正控制住场面。

站在演说台上，你就是主宰，切勿被听众的身份和听众的数量吓倒。哪怕你的听众是国家元首，站在演说台上的你也应该做到"目中无人"。目中无人并不是自大，而是来自内心的果敢，是从眼神中传达出来的战无不胜的自信。

有些演说者，在面对知识水平、身份地位不如自己的听众时，能够表现得较为自信，演说发挥得也很好。可是一旦面对比自己更优秀的听众时，便会感到有压力，自信心不足，发挥有失水准，甚至目光不敢与听众接触。

笔者见过不少演说者，在演说的大部分时间里面对屏幕，都是照着幻灯片一行一行地念。这实在太可惜了。镇定自若、充满感情的眼神应该留给听众，演说过程中，应该用眼神与听众交流，偶尔一个关注的眼神，会让你的演说更加富有感情、更加生动、更能打动人。

美国第40任总统里根曾是一名演员，拥有高超的表演技巧。每次演说时，他都会充分运用眼神控场。有时候，他的眼神像聚光灯，可以把听众的注意力聚集到某一点；有时候，他的眼神像探照灯，可以扫遍全场。因此,有人评价他的眼神是征服一切的武器。

那么,我们应该怎样运用眼神控场,来征服听众呢?其要领如图7-1所示。

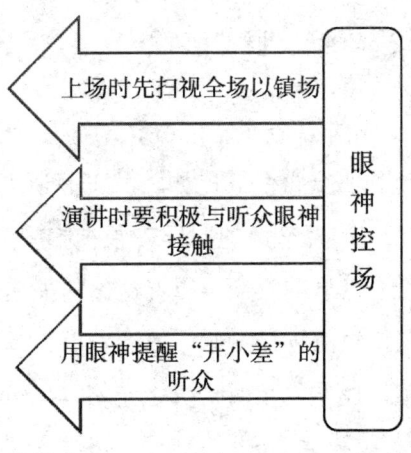

图7-1 眼神控场的三个要领

(1) 上场时先扫视全场以镇场

演说开始,你在主持人的介绍下走上演说台。上台后,不要急着开讲,而要先扫视全场听众。扫视全场很简单,你只需向左前方45度看过去,再向右前方45度看过去,最后把视线调回到会场中间。整个过程只需1~3秒,这叫镇场。

必要的时候可以用3~5秒钟镇场,比如,会场有些嘈杂,大家没有完全安静下来。实在不行,扫视全场10秒钟也行。比如,会场特别吵闹,你扫视全场三五秒后,听众完全没有意识到应该安静下来,这时你可以继续扫视全场,直到听众安静下来。

扫视全场时,你既可以面带微笑,发挥你的亲和力,也可以表情严肃,表现你的威严。这时你的眼神所传达出来的信息,就相当于给听众留下了第一印象。听众会对你作出评价："这位演说者是有亲和力的。""这位演说者是比较严肃的。"

（2）演说时要积极与听众眼神接触

在演说过程中，你的眼神不能停留在幻灯片上，更不能停留在演说稿上，而要不停地与听众接触。比如，"下面请大家来看一看，这个问题究竟说明了什么。"说这话的时候，眼神扫视某个区域的听众1~3秒，再转移到另外某个区域的听众，以传达你的关注。

具体来说，在与听众眼神接触时，要注意以下几点：

①眼神要保持移动，在一个听众身上定格1~3秒或3~5秒足矣，再转移到另一个听众身上。

②不要老盯着某个听众看，看来看去，人家心里会发毛，会有疑问，不知道究竟你想干什么。

③在与听众目光接触时，不要马上移开目光，那样会显得你信心不足，有些胆怯，听众会认为：你自己都不敢相信自己讲的东西。而要用坚定的目光，向听众传递你的自信、信任和关注。

④如果听众身份特殊，你不敢直面他，那你可以注视着他的眉心，让他感觉你在看着他。

⑤多与认真听讲的听众保持视线交流，这样既能增强你们之间的感情，又能让你从他们身上找到自信心。

⑥眼神接触的同时，配合点头和微笑，表示一种情感的交流，能够给听众传达信任感。

⑦将会场分成田字格似的四个象限，从每一个象限中挑出一个人来接收你的目光，使你的目光在四个象限中来回切换。

（3）用眼神提醒"开小差"的听众

演说的过程中，难免会遇到一些"开小差"的听众，他们或交头接耳，或低头玩手机，或打瞌睡。这些行为是一场演说中不和谐的画面，如果置之不理，任由其发展下去，可能会影响更多的听众，造成更消极的影响。怎样应对呢？你不必直接提醒道："请大家注意力集中，不要开小差了！"这样会让交头接耳者感到没面子。

明智的做法是，用眼神来提醒他们。将目光转移到他们身上，面带微笑地看着他们，他们会很快意识到自己的不当言行，并会感到不好意思，进而安静下来。如果他们对你的提醒置若罔闻，你可以延长注意的时间，同时提高演说的音调，改变演说的气氛，以提醒对方认真听。

2. 动作控场：肢体动作让演说更具导向性

在舞台剧中，演员们会尽可能地使用肢体动作，并且又唱又跳。虽然演说不同于唱歌跳舞，但肢体动作的使用绝对至关重要。科学研究发现，信息的传递和感情的交流55%是通过肢体语言进行的，38%靠的是语气语调，只有7%才是来自我们所说的内容。因此，演说时要想你的听众在椅子上坐得住，你的动作是必不可少的控场工具。

通过自己的行为和肢体动作来实现控场，是很多优秀演说者惯用的手段。回想一下乔布斯、马云、奥巴马等人演说时的姿态和动作。他们的姿态和动作开放而富有激情，他们的手势坚定，肢体动作大开大合，传达出丰富的感情和控制力。当他们走上演说台时，甚至不用说话，只用眼神和动作就能把场面控制好。

在第二届"香格里拉杯"全国演说比赛上，一名解放军战士获得个人特等奖。在演说中，他讲到这样一段故事：

有一次，尹队长正在前面为骡马队开路，突然，一只比人还高的大黑熊从离他不远的地方钻了出来，大家都惊呆了。几名战士紧张得连连后退，带枪的战士"哗哗"拉枪栓、推弹上膛，准备射杀黑熊。

此时，尹队长来不及退让，便挥舞手中的砍刀，亮出嗓门大吼一声："嘿！"

谁知这一叫，步步紧逼的大黑熊竟站在原地不动了。大家一看这场景，齐声大吼起来，黑熊被吓住了，狂叫几声后钻入了林子。

讲这个故事时，演说者睁大眼睛，面部肌肉紧张抽搐，表现得十分惊恐。同时，他退后一步，模仿战士们拉枪栓的动作。然后，又跨前一步，模仿尹队长做出举刀的手势。这一系列的配套动作，生动形象地再现了当时的画面，观众席上爆发出热烈的掌声，将演说推向了高潮。

演说中的动作控场主要体现于大的肢体动作上，这类动作可以使听众受你的指挥，跟随你的节拍去听演说。比如，上台之后双手上扬后再下压，可以让场面变得安静。在演说过程中，配合演说内容双手上扬，可以感染听众，从而调动现场气氛。

接下来，我们来看一看，在演说中，具体应该如何利用动作控场。

（1）自然地走动

不少演说者在演说时，喜欢站在原地一动不动，如同一尊雕像。这样整个人看起来非常僵硬、呆板。哈佛商学院的艾米·卡迪教授研究了怎样的姿势可以产生气场，她建议演说者在演说过程中，应该自然地走动，或适当地伸展四肢。这些姿势有利于放松身心，使自己倍感自信，从而更好地释放演说激情。

演说中，如果能够放松起来，适当地走动走动，会使听众觉得演说者更加有趣。比如，想要表达一个重要的观点时，可以慢慢地从演说区的这边走到那边，在这个过程中说出这个观点。当发现一些听众注意力不在演说主题上时，演说者可以一边讲，一边慢慢地从讲台上走下来，走到听众中间，这样可以提醒听众集中注意力。

要提醒的是，如果不是自然的走动，演说者最好别频繁地晃动下半身。如果你晃来晃去，或者把重心在两腿间不停地移动，会让听众觉得你很紧张，或容易分散听众的注意力，使你看上去没有说服力。

（2）运用手势语

手势是使用频率最高的肢体语言。由于双手活动幅度较大，活动最方便、最灵巧，形态变化也最多。因此，手势的表现力、吸引力和控场力是最强的，最能表达丰富的内在感情。得体优美、寓意深刻的手势，能对听众产生极大的感染力，从而激发听众的热情，加深听众对演说内容的理解，使演说获得成功。

演说中，自然而安稳的手势，可以帮助演说者平静地说明问题。大幅度、有力量的手势，可以提升演说者的情感。对演说者来说，常用的手势有以下三种，如图7—2所示。

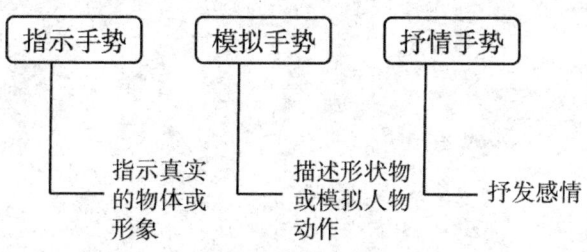

图7—2 演说中常用的三种手势

①指示手势。

用途：指示真实的物体或形象

指示手势分为实指和虚指，实指通常是指在场的人、事或方向，且均在听众的视线内。比如，"我"或"你们"、"这边"或"那边"等。虚指是指演说者和听众不能看到的东西。比如，"在遥远的地方""在很久以前"。

②模拟手势。

用途：描述形状物或模拟人物动作

模拟手势追求的是神似，而不是形似。比如，用双手合抱，把西瓜虚拟成一个大球形，表明西瓜很大。再比如，模拟人物做出某个动作，如后退、挥拳等动作。模拟手势信息含量大，且有一定的夸张色彩，能够提升对形状物的表现力，便于还原事物原貌，提高听众对演说内容的理解。

③抒情手势。

用途：抒发感情

抒情手势在演说中运用频率很高，比如，兴奋时拍手称快，恼怒时握紧拳头，敲击食指，急躁时不停地搓手。抒情手势是一种抽象感情很强的手势。

下面介绍几种常用且通用的演说手势语，如表7-1所示。

表7-1 演说常用的手势语

手势名称	手势描述	手势含义
翘起拇指	拇指翘起，其余四指握拳	表示强大、肯定、赞美、希望等含义，常用于情绪高昂时
伸手式	手心向上，前臂略直，手掌向前平伸	表示欢迎、赞美、诚实、谦逊、请求、交流、许诺等含义
举手	五指朝天，前臂垂直，手掌举至头部	表示行动、肯定、激昂、动情、歌颂等含义
食指式	食指伸出，其余四指弯曲并拢，胳膊向上伸直，食指指向空中	表示强调、挑衅等含义
挥手式	手举过头，挥动起来	表示兴奋、致意等含义，若双手同时挥动，则表示热情致意
握拳式	单手或者双手握拳，放于胸前	表示信念、信心、力量等含义
数字式	当说到相应的数字时，加上相应的数字手势	表示加深听众印象。比如，讲到三个要点时，伸出三个手指，表示强调

演说者还可以根据个人喜好，根据演说内容，在演说过程中做出一些自然的手势。在运用手势语时，要记住一点，"情到深处，手自然出"。自然的、协调的、灵活的手势是最好的，切忌做作、死板。

（3）要有招牌动作

每个演说者都应该有几个充满个性的动作，笔者把这称为招牌动作。这个动作可以是手势动作，也可以是身体姿势，还可以是腿部动作或头部动作。这些招牌动作是区分你和别人的标志，只要这类动作能够与演说内容匹配，就能很好地表情达意，从而大大提升演说的控场效果。

3. 内容控场：灵活调整演说内容

说到内容控场，有些人可能会有疑问：内容与控场有什么关系？殊不知，在任何时候，内容都是一场演说的核心要素。一场演说中，你要讲什么内容，或讲同样的内容，但从什么角度切入话题，侧重点是什么，讲的过程中使用哪些案例和数据等，都应该根据听众的需求和听众听你演说时的反应来灵活地调整。

不善于运用内容来控场的演说者，往往表现为不考虑听众的需求，不注意听众听演说时的反应。他们自顾自地在台上讲，哪怕台下的听众心不在焉，哪怕有的听众在打瞌睡，他们也不以为然。

再看看优秀的演说者，发现听众心不在焉、打瞌睡等情况时，会马上改变演说策略、调整演说内容。他们十分清楚，如果继续按原计划讲下去，听众会越来越没有兴趣，越来越无聊。所以，必须讲听众感兴趣的内容，将听众的注意力拉回来。

记得有一次，笔者受邀去一家大型公司，为其销售部员工做培训。演说的过程中，笔者两次提到同行的另一家大公司，说自己曾给那家公司的销售人员做过类似的培训，并对他们的销售人员大加赞扬。笔者以为这样可以激起这家公司销售人员的听课积极性，使他们以同行销售人员为榜样，把握好这次的培训机会。

但是当笔者第二次提到那家公司时，发现场面的气氛明显变了，听众的反应都有点躁动和不悦的样子。笔者意识到听众不喜欢听这方面的内容，于是立即调整了演说内容。本来演说计划中，笔者要讲两个那家公司的成功销售案例，也被临时删除了。后来，笔者再没有提到那家公司及其销售人员，听众的情绪也一直比较高昂，演说进行得很顺利。

中午就餐时，该公司的销售总监告诉笔者，演说中所提到的那家公司,在销售过程中诋毁了他们公司的产品,而且采取刻意打压价格的恶性竞争手段,让他们公司的产品销路受阻严重。因此,公司的销售人员对他们十分反感。笔者恍然大悟:"难怪我提到那家公司及其销售人员时,台下的听众反应那么微妙。"

从笔者这次亲身经历中可以看出,内容控场在演说中有着十分重要的作用。当演说现场的气氛不对,当听众注意力分散时,调整演说内容,讲听众感兴趣的东西,是调整气氛、重新集中听众注意力的一种有效策略。

作为一名好的演说者,必须具备敏锐的洞察力,关注到听众情绪的变化,同时又能够快速地调整演说内容,牢牢把控着听众的注意力,让听众始终保持强烈的倾听兴趣。为此,要做到以下三点:

(1)演说之前,做好充分的内容准备

你的演说主题是什么,围绕这个主题,你应该准备多套演说方案。主题是不能变的,但针对这个主题所讲的侧重点、切入点可以不同,讲的方式也可以不同。你应该尽可能多地思考几个侧重点,每个侧重点就是一个演说方案。

比如,同样是做销售主题的演说,你可以讲专业的销售概念,也可以讲常见的销售策略,还可以讲更具体的销售方法。有了多套准备后,当你在讲销售概念,发现听众不感兴趣时,你就可以见机行事,灵活地把演说内容换成常见的销售策略或具体的销售方法。

只有当你准备得非常充分时,你才可以快速地调整演说内容,而且不让听众有任何察觉。如果你没有准备,即便演说中你想调整内容,也不知道该讲什么。当然,如果你对所讲的主题非常了解,即便你没有充分的准备,也可以临场调整演说内容,但这需要具备高超的演说能力,不是每个演说者都可以轻松驾驭的。

（2）提前进入会场，与听众聊聊他们的需求

如果你向一个潜在的新顾客或一个风险投资商介绍产品时，你可能没有足够的时间去挖掘他们的兴趣点，但是在你开始介绍产品之前，你可以和他们闲聊，听听他们对产品有哪些需求。再加上你之前对产品的准备和对客户的了解，你一定可以在介绍产品时将介绍的内容调整到对方的兴趣点上。

演说也是这个道理，当你即将对一群陌生的听众演说时，你可以提前进入会场，找几个听众和他们闲聊，看看他们对你的演说有什么期待，有什么需求。这样你可以结合事先准备的演说方案，再结合临时了解到的听众需求，尽可能做到有的放矢，讲听众感兴趣的内容。

（3）演说过程中，要学会解读听众的情绪

优秀的演说者应该是一个很好的情绪解读者，要能根据听众的眼神和回应的含义，解读听众躁动不安背后的心理，这是做好内容控场的前提。在演说中，面对听众不耐烦的神情，你需要灵活地、不露声色地调整内容。例如，讲理论时，见听众反应不好，就多举实例。这方面内容不吸引人，就换一个内容，或者干脆提前结束演说。

4. 互动控场：用互动换心动

演说是一种沟通，沟通离不开互动。没有互动，就没有心动，没有心动，就没有共鸣，优秀的演说大师深谙此道。世界第一成功导师、世界第一潜能开发大师安东尼·罗宾在演说时，用水枪活跃现场气氛；世界汽车销售第一人乔·吉拉德在演说时，站在讲台上给大家领舞；世界房地产销售第一人汤姆·霍普金斯在演说时，会走下台来跟每一位听众握手。他们都在用独特的方式与听众实现互动，并通过互动来实现控场。

某幼儿园在"六一"儿童节期间举行10周年校庆文艺会演，参与的人有当地政府的领导、学校领导、幼儿园小朋友、小朋友的家长、幼儿园老师。会演按照既定的程序进行，先是政府领导致贺词，然后校领导讲话，接着是教师代表讲话，再是家长代表发言，最后才是文艺汇演。

可是各代表的发言，早已耗尽了小朋友们的耐心，场面已经变得混乱不堪了。小朋友跑动的跑动、哭的哭、闹的闹，场面失去了控制。主持人大声提醒小朋友保持安静，并嘱咐老师和家长做好安抚工作，可并没什么效果。

此时轮到教师代表发言，她开场便说："小朋友，我们来唱一首歌吧，这首歌的名字大家都知道，这首歌大家都会唱。现在，大家跟着我一起唱好不好？"说着，她就唱了起来："一闪一闪亮晶晶……"

起初只有稀稀拉拉的几个小朋友跟着合唱，但没过多久，所有的小朋友都加入了合唱阵营。一首儿歌唱完，现场恢复了良好的秩序，小朋友的情绪也得到了安抚。随后，这位教师简单地讲了几句话，就宣告个人讲话结束。

这就是互动控场的作用。当现场出现听众兴趣低落、听众开小差、注意力不集中等情况时，通过与听众互动可以激起听众的兴趣，拉近与听众的距离，有效地调节现场的不良气氛，从而达到控场的目的。

互动控场，说到底就是设法让听众参与到你的演说中来，而不是把听众当成看客，把听众晾在一边，自顾自地演说。比如，在演说中，让听众协助你完成某个实物展示，或与听众讨论某个论点，听众就会觉得受到了重视，继而对演说的注意力会显著增加。

有个演说者，在说明汽车刹车以后，还会在惯性的作用下滑行多远的距离这个问题时，特意邀请了前排一位听众站起来帮他演示汽车在不同速度下的刹车距离有什么变化。这个听众手握着卷尺的一端，顺着走道拉出45米，再折回来，再将卷尺拉出50米。整个过程中，他始终乐此不疲。

再看其他听众，也都全神贯注地倾注于演说之中。那条卷尺不但生动地展现了演说者的论点，还在演说者与听众之间打通了一条沟通的线路。如果不是用了这一招，听众们对演说主题的理解不会那么深刻，注意力不会那么集中。

演说是与听众的一种交流方式。演说者在登上讲台之后，就要学会与听众交流，随时关注听众的反馈信息，并根据这些反馈信息及时运用互动去控场。那么，互动控场具体应该怎样做呢？具体做法如图7-3所示。

第六章 说服：逻辑到位，一句话就能说服

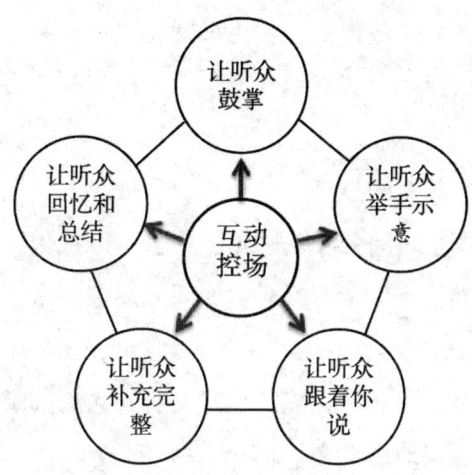

图7-3 互动控场的具体做法

（1）让听众鼓掌

在演说中，根据演说的进程，适时引导听众鼓掌，可以激发听众参与的兴趣，激活听众的兴奋神经，活跃现场的氛围。让听众鼓掌有以下几种具体方法：

①通过赞美引导听众鼓掌。

"今天是国庆假期，本来大家应该好好享受假期的，可大家依然相聚在此。看到这么多热情洋溢、求知若渴的脸，我真的很感动。当别人选择休闲的时候，你们选择听讲座，来给自己充电，真的很了不起。来，给自己鼓掌！"通过赞美，顺理成章地找到了让听众鼓掌的理由，同时又肯定了听众，激发了听众听演说的热情。

②通过激励引导听众鼓掌。

"今天，我将要跟大家分享的内容，是我潜心研究10年的成果，想全部学到的请鼓掌示意我！""接下来的内容更精彩，想要继续听的请鼓掌！""你们的掌声越热烈，我讲得就越兴奋，掌声在哪里？"通过激励大家或激励自己，来引导听众鼓掌。掌声响起来，气氛也就跟着活跃起来了。

③找借口引导听众鼓掌。

在演说中，即使没有鼓掌的理由，你也可以找借口引导听众鼓掌，以实现控场。例如，"昨天已经过去，明天还未到来，让我们把握好今天，为今天喝彩，为今天鼓掌！""给点掌声，满足一下我的虚荣心，好不好？""今天我的嗓子很痛，但只要听到大家的掌声，我就是讲到嗓子破裂，也会高兴地讲下去"。

④用幽默获取听众掌声。

在演说中，通过幽默的讲述，可以赢得听众的掌声，还可以用幽默的口吻引导听众鼓掌。比如，"给两毛钱的掌声好不好？""给一些带味道的掌声好不好？"尤其是在演说中途出现突发事件时，适当的幽默表达，不仅能体现你的临场应变的智慧，还能赢得听众自觉的鼓掌。

1991年9月19日，杨澜应邀主持第九届大众电视"金鹰奖"颁奖文艺晚会时，不小心被台阶绊了一下，"扑通"一声滚倒在地，这意外的状况让现场一片哗然。但杨澜一跃而起，笑着说："真是人有失足、马有失蹄呀，我刚才狮子滚绣球的节目滚得还够熟练吧？看来这次演出的台阶不那么好下哩，但台上的节目很精彩。不信，瞧他们的。"话音刚落，观众们就响起了热烈的掌声。

（2）让听众举手示意

在演说中，让听众举手示意可以引导听众参与到演说中来，与你实现互动。很多人认为，让听众举手是一件困难的事，因为中国人普遍有一种"不想出头"的心理，先举手意味着爱出风头，怕引起别人的不满。所以，很多人举手之前，会先左顾右盼，看看自己是不是第一个举手的。如果是，那就等一等，等有人举手了，他们再举手。

其实，让听众举手有一个小窍门，就是演说者可以先把手举起来，嘴里说："今天想学到更多营销秘籍的人请把手举起来，让我们认识一下！""今天想听到有趣故事的人请把手举起来！"这时所有的人都会关注你举起的那只手，而不会去看其他人是否举手。这样就很容易促使听众参与进来，与听众实现互动。

（3）让听众跟着你说

在演说的时候，为了避免听众走神，你可以要求听众跟着你说。即你说什么，让听众跟着重复一遍。比如，"大家和我一起喊出这个成功秘诀：成功贵在坚持，成功离不开持续的努力！"让听众跟着你说，不仅可以让听众参与进来，达到互动控场的目的，还可以加深听众对演说内容的印象。

（4）让听众补充完整

在讲到大家都熟悉的事情时，演说者可以讲一半留一半，讲一句留一句，让听众去补充演说内容。比如，"2008年真是多灾多难的一年，这年二月份发生了一场（雪灾），让无数身在外地的朋友无法与家人团聚；五月份，四川又发生了一场（汶川地震），夺去了无数同胞的生命。但是，坚强勇敢的中国人并没有被困难吓倒。这年8月8日，我们成功举办了（北京奥运会）……"

在这段话中，括号里的内容就是留给听众补充的。由于这些是听众们熟知的，因此，很容易调动大家参与进来，从而达到互动控场的目的。需要注意的是，在讲到需要听众补充的地方时，声音和表情要有明显的变化，以提示听众去补充。

（5）让听众回忆和总结

在讲完重要的内容后，演说者可以让听众一起来回忆和总结所讲的内容，从而加深听众对演说内容的理解和记忆，达到彼此共鸣。例如，"刚才我们讲到了树立个人品牌的三个关键，现在让我们来回忆一下这三个关键：第一个关键是（要有一个专业的名字），第二个关键是（要选择一个专业的领域），第三个关键是（要不断地宣传自己）"。括号里的内容为需要听众回忆和总结的。如果听众对这些内容不熟悉，演说者应及时提醒。

5. 提问控场：用提问把听众带入你的思维

在演说中，适当地提出问题，引导听众去思考，不仅可以达到控场的目的，还可以与听众形成互动。虽然你在提问之后，不能让所有的听众都进行回答，但至少可以吸引大多数听众去思考。这样能促进听众对演说内容的理解，加深听众对演说内容的记忆。

当你发现有些听众注意力不集中，脑子在开小差时，可以适时提出问题，引导听众参与到你的演说中来。所提的问题，不一定非得与演说重点内容密切相关，还可以是一些看似多此一举的提问。例如，明明是一句肯定性的话，你却用提问的方式说出来，目的就是让听众作出肯定的回答。

高明的演说者,往往会在演说中提出一些让听众用"是"来回答的问题。这样有利于逐渐为听众设下一个心理认同的过程,使听众朝着赞同演说者观点的方向前进,最终把听众带入演说者的思维。接下来,我们就来讲一讲具体的提问方法,看看怎样提问才能产生良好的互动和控场效果,如图7-4所示。

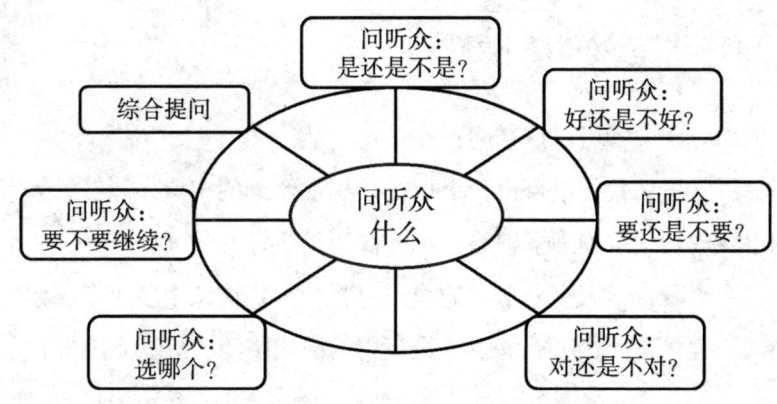

图7-4 提问控场可问的问题

(1)问听众:是还是不是

例如,演说者可以这样问:

"如果大家都想毕业后去找工作,而不是为别人创造工作机会,又哪来那么多工作岗位呢?如果大家现在就开始谋划创业项目,毕业后投身于创业道路,不仅自己的工作找到了,也能为很多人提供工作岗位,是还是不是?"(是)

"如果大家从今天开始,认真地听演说培训课程中的内容,不断提升自己的演说能力,将来就会有更多的演说家产生,就可以去帮助更多的人获得成功,是还是不是?"(是)

"今天我分享的内容越精彩,大家的收获就越多,是还是不是?"(是)

"大家收获越多,掌声是不是应该越激烈,是还是不是?"(是)

通过这些简单的提问,引导听众回答"是",带动听众跟随你的思路去听你演说。

(2)问听众:好还是不好

例如,演说者可以这样问:

"在这里,我们给自己一个祝福,祝福今天的相聚,能够为大家明天的事业成功、家庭幸福铺垫基础,好还是不好?"(好)

"今天我将给大家分享我的演说经验,和我这二十多年来收集的经典演说案例,让大家能够获得最实用的演说技巧,好还是不好?"(好)

(3)问听众:要还是不要

例如,演说者可以这样提问:

"为了我们的生活更美好,为了我们的家人,我们要不要成功?要还是不要?"(要)

"为了成为社会精英,我们要不要提高自己的演说水平?要还是不要?"(要)

"要想提高演说水平,我们要不要付出比别人更多的努力?要还是不要?"(要)

（4）问听众：对还是不对

例如，演说者可以这样提问：

"如果我们的演说水平提高了，我们的影响力就变大了，对还是不对？"（对）

"当我们有了更大的影响力之后，我们就可以获得更多的人脉，对还是不对？"（对）

"有了更多的人脉，我们成功的机会就更多，对还是不对？"（对）

"机会越多，我们成功的可能性就越大，对还是不对？"（对）

（5）问听众：选哪个

给听众两个或三个选项，让听众从中做出选择。例如，演说者可以这样提问：

"你们是希望马上学习演说的实战技巧，还是希望等别人学了这套演说技巧，并取得了成功，你再去学？你们选哪个？"显然，演说者希望听众选择前一个选项。

"在座的各位，你们是希望自己在更年轻的时候就取得成功，还是在年纪较大的时候取得成功？你们选哪个？"显然，演说者希望听众选择前一个选项。

（6）问听众：要不要继续

例如，你在演说中说："接下来，我将用30分钟的时间，跟大家分享一下我过去三年总结的一套快速克服演说临场紧张心理的绝招。"当你讲到这套绝招中的第一招时，发现有些听众的兴致不太高，有些听众在交头接耳，那你可以停顿一下，然后问听众："大家想不想继续听，我要不要继续讲？"这样就可以很好地吸引听众的注意力。

（7）综合提问

所谓综合提问，指的是把上面六种提问技巧灵活地结合起来，根据演说的具体情境来提问。当然，除了以上六种提问技巧，演说者还可以针对具体的演说内容，提出一些实质性的问题，以引导听众去思考。比如，"刚才我们讲到，提升个人品牌的三个关键，请问是哪三个关键，大家一起来回忆！"

另外，演说者还可以偶尔问一个听众无法回答的问题。面对这样的问题，听众往往不知怎么作答，显得很被动、很茫然。这时你再故作神秘，停顿几秒，引起听众的好奇心之后，你却说："没关系，其实这个问题我也不知道，我就想听听大家有什么看法，好给我一些启发！"这样等于给听众一个台阶，也承认了自己的"无能"，从而可以给听众一种亲切感。

6. 气氛控场：主动营造和谐的气氛

有些演说者独霸舞台，口若悬河，自顾自地讲一堆听众不感兴趣的话题，眼看着现场气氛朝着不好的方向发展，他们仍然熟视无睹，或不知道怎么控场。而高超的演说者，会时刻关注听众的反应，主动营造和谐的现场气氛。

为什么要重视营造和谐的气氛呢？因为在群体行为中，个体的情感和行为很容易受到群体其他成员的影响，产生一种情感的蔓延效应。气氛控场正是利用集体行为中的感染力量，对个体实施影响。

人们进入群体之中，就会被群体的气氛所影响。哪怕一个平时感情冷淡、冷静自持的人，只要他进入群情激奋的群体中，就很容易被群体的激奋情绪影响。可以说，有群体的地方就有感染力量，并且这种力量十分强大。比如，狂热的政治分子和骚动的足球粉丝，都能说明群体感染力量的强大。

演说中也是如此，如果你能营造和谐的气氛，以调动一部分听众的情绪，那么其他听众就会跟着这种情绪走。笑声和掌声是有传染性的，同样，散漫、困倦、消极的情绪也是如此。因此，演说者要能够及时察觉听众不耐烦的情绪，然后主动出击，调动听众的热情，把演说气氛推向高潮。

有一次，希望工程的创始人解海龙在北京21世纪学校演说。该校是一所"贵族学校"，大多数学生都没有吃过什么苦，从小生活在养尊处优的环境中，不知道希望工程是什么，不知道希望工程有什么社会意义。演说快要开始了，可台下的学生们还在聊天、玩闹，完全没有人关心演说。

解海龙走上讲台，大喊了几声，想以此来吸引孩子们的注意力，但是没有效果。接着，解海龙和老师说了几句话（授意老师把礼堂的灯关掉）。几分钟后，礼堂突然一片漆黑。孩子们马上一惊，不知道发生了什么，瞬间安静下来。这时解海龙咔地一声，打开了幻灯片。顿时，巨大的银幕上出现了一张照片——一个大眼睛的小女孩，手里握着一支笔。

正当孩子们聚精会神地观看时，解海龙问道："同学们，你们家里有没有照相机啊?"

孩子们齐声答道:"有!"

解海龙又问:"你们都会照相吗?"

很多同学说:"会!"

解海龙对一位同学说:"那你说说看,照照片有什么样的意义?"

那名同学说:"照相留着作纪念呀。"

解海龙说:"照片是为了留作纪念。那么大家看看,我们的老师给山里的孩子们拍摄的照片吧。"说着,他点击幻灯片,一张张地播放山区孩子的照片。每播放一张照片,他就对照片作解说,讲述山区孩子的求学故事或当时的情境。渐渐地,全体同学都进入了解海龙营造的气氛中。

在这个案例中,解海龙使用的正是演说中的气氛控场技巧。通过关掉会场灯光,使孩子们瞬间安静下来;通过播放山区孩子的照片,营造了安静严肃的气氛。最终,牢牢抓住了全体学生的注意力,使大家专注地听演说。

在演说者和听众之间,愉快的气氛永远是最重要的。对于演说者来说,怎样让现场气氛始终保持轻松愉快,让听众的注意力始终集中在自己的演说上,是对演说者控场能力的最直接考验。一般来说,气氛控场有以下三种常用的手段,如图7-5所示。

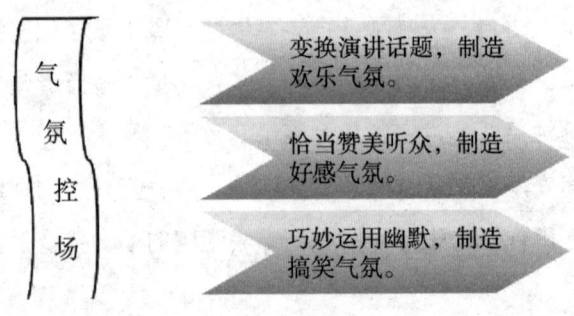

图7-5 气氛控场的三种常用手段

（1）变换演说话题，制造欢乐气氛

当演说遇到冷场，当你觉察到听众对当前的内容不感兴趣时，你可以适时变换演说内容，讲一些趣闻逸事，活跃一下现场的气氛。人的注意力总是放在有趣的事物上，把话题从枯燥的演说主题转移到趣闻上，可以有效地吸引听众的注意力。等气氛活跃起来后，你应该及时把演说拉回到主题上，而不应该在非主题内容上耗时太多。

（2）恰当赞美听众，制造好感气氛

当你发现听众对演说内容不太感兴趣，反应比较冷淡时，你可以采取赞美听众的办法，拉近与听众的心理距离。心理学研究表明，当人们发现别人对自己有好感，对自己比较欣赏时，他们会更愿意听对方说话。

在赞美听众时，你可以从一部分听众入手，以具备代表性的听众为话题，来拉近彼此的距离，制造一种和谐友好的气氛。比如，见某些听众认真听你演说，还时不时做笔记，你可以赞扬道："能够自始至终认真听的人，是令我钦佩的。你看，这几位听众就很不错，他们不仅认真听，还认真做笔记，大家给他们来点掌声好不好？"

另外，赞美听众也可以"无中生有"，即听众的表现并不值得赞美，但为了提醒他们认真倾听，你有意说一些赞美的话。比如，演说现场的气氛有些低落，有的听众注意力分散，甚至开小差、打瞌睡。这时你可以说："演说进行到现在，我发现有位听众一直非常认真地听，从头到尾没有分神，她是谁呢？她就是坐在后面的那位穿蓝色裙子的女士。我们给她最热烈的掌声好不好？"

事实上，刚才开小差、打瞌睡的可能就是那位女士。但是一阵热烈的掌声过后，现场的气氛活跃起来，那位女士肯定不好意思再开小差了，她会认真听你演说。而其他开小差、犯困的听众也会调整状态，继续专注地听。这就是通过赞美制造好感气氛，从而达到有效控场的目的。

（3）巧妙运用幽默，制造搞笑气氛

当演说现场气氛不对时，你可以给演说加点幽默，制造搞笑气氛，从而调动大家听讲的积极性。比如，见现场气氛冷淡，你可以调侃道："大家表情这么严肃，好像不是来参加我的演说，而是来参加我的追悼会。"听众听后哄堂大笑，现场气氛马上就活跃起来了。

具体来说，怎样给演说加入幽默元素呢？

①前后情节不合逻辑。

你可以在前半段把听众带入一种逻辑场景，在后半段又把听众带入另一个逻辑场景。比如，前半段讲"有小偷溜进我家，到处找钱……"大家都想知道情节是怎么发展的，猜想你会不会和小偷发生冲突。但后半段你却说："后来，我和小偷一起找钱，我还求他仔细找，因为我最近手头紧，正缺钱呢！"前后两个情节完全不在一个逻辑上，听众听了肯定会捧腹大笑。

②用谐音法制造幽默。

谐音法制造幽默常见于小品、相声等节目中。比如，"有个人去医院看病，医生给他开了药方，他去药房拿药。见到护士后，他说：'护士同志，我拿药，丹参（单身）！'护士听了，对患者说：'年轻人，算了吧，单身可没有药可治。'"

③用夸张法制造幽默。

通过夸张的描述，可以产生幽默的效果。比如，当别人迟到时，你可以说："你终于来了，在等你的时候，我都看到了身旁的一对情侣从相遇到相识，再到相恋，最后分手的全过程。"这就是夸张法所产生的幽默效果。在演说中，适时运用夸张的表达，可以很好地制造幽默的气氛。

要注意的是，不管运用什么方法制造幽默和搞笑的气氛，你在讲幽默的内容时，最好能表现出一本正经的样子。在大家没有笑之前，你千万别先笑场，否则就达不到制造搞笑气氛的目的了。

第八章
应变：随机应变，意外频出巧化解

演说过程中，难免会遇到一些意外情况。比如，突然忘词、说错了话、用错了词、听众问题难住了你、遭遇听众公然反驳等。面对这些情况，能够做到沉着应对、机智化解，是一名出色演说者应当具备的素质。这种素质不仅能帮助演说者活跃现场的气氛，还能将口误、尴尬等转化为一种幽默，增强演说的趣味性。

1. 突然忘词冷场怎么办——巧设情景以化解

在演说时，思路突然断片是很常见的一种现象。思路断片即忘词，不知道接下去该说什么。思路断片本身不是什么大问题，怎样应对思路断片才是大问题。

有些演说者在思路断片时，表现出一副如临大敌的慌张神情，脑袋一片空白，整个人变得呆滞，嘴巴突然就像被粘住了一样，开不了口，说不出话。这样一来，演说就陷入了停滞状态，气氛急转直下，让演说者感到后背发凉，紧张得额头直冒汗。

笔者的不少学员都有类似的遭遇，他们向笔者描述忘词时的心理动态。笔者把这种心理动态总结下来，描述成以下文字：

讲着讲着，突然忘词了，顿时心里紧张，脑袋充血，演说出现冷场。越是冷场，现场越安静。确切地说，不是安静，而是一片死静。仿佛听得见蟋蟀声，听得见自己紧张的喘息声。这时，演说者会想："快点回忆，我该说什么了？我的天啊，哦，见鬼！"可越是催自己回忆，越是想不起来……

如果你也有类似的经历，就会知道忘词的感觉多么糟糕，以及摆脱它并重拾演说信心有多么困难。很多演说者在忘词之后，不得不苦笑着说"抱歉"，或垂头丧气地退场休息，这给自信心带来了严重的打击。

再看看有经验的演说者，他们在思路断片时，会努力稳住自己的情绪，哪怕是强装镇定，也要避免显露慌乱。他们心里非常清楚，越是焦急地回忆遗忘的内容，越是记不起来；越是记不起来，心里就越焦急；

心里越焦急，自己就越慌乱。这是一个恶性循环，他们绝不会让自己陷入这种恶性循环。

具体来说，他们通常会采取以下几种办法去应对忘词，如图8-1所示。

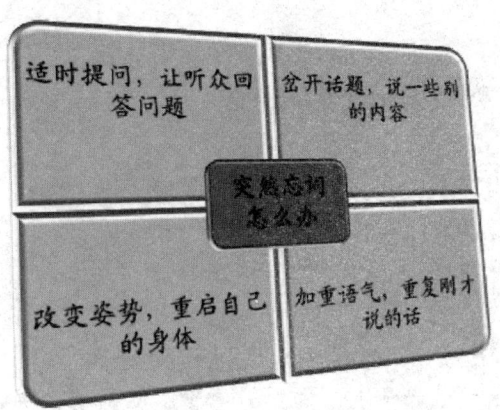

图8-1 突然忘词时的应对之策

（1）岔开话题，说一些别的内容

在忘词时，有经验的演说者会岔开话题说一些无关的内容，并且会放慢语速。比如，演说者会说："我刚才讲的，大家都清楚了吗？让我们来回忆一下，加深印象好不好？"这样就转移了听众的注意力，也给自己预留回忆和思考的时间。

（2）加重语气，重复刚才说的话

在忘词时，有些演说者会加重语气来重复刚才说的话。比如，演说者刚才讲的是"保持自信，这是建立个人品牌形象的第一步"。讲完这一句，他突然思路断片，想不起来建立个人品牌形象的第二步是什么内容。于是，他强装镇定，加重语气，放慢语速，重复道："保持自信，记住了，一定要有自信，这是建立个人品牌形象的第一步。"这样既达到了强调重点内容的目的，又能给自己创造回忆和思考的时间。

（3）改变姿势，重启自己的身体

有些优秀的演说者在忘词时，会干脆停下来，通过改变身体姿势，做一些不同的事情来分散听众的注意力，也缓解内心的紧张感。比如：
①故作镇定地扫视全场；
②扶一扶眼镜；
③端起茶杯，喝一杯水，而且故意慢悠悠地喝，喝完后又慢慢地盖上杯盖；
④调整一下麦克风；
⑤后退一步，绕讲台慢慢踱步。
由于演说者做出这些行为动作时显得非常从容，所以，听众一般觉察不出演说者是为了应对忘词。相反，他们会认为这是演说者根据演说内容，自然而然表现出来的动作。

（4）适时提问，让听众回答问题

忘词时，有些演说者会用提问来化解。他们抛出一个问题，让听众来回答。这样既可以让听众来思考，又可以解放自己，给自己回忆和思考的时间。

需要注意的是，要想避免演说时突然忘词，我们不能完全指望临场化解，还需要在演说之前，就着手去做准备，以预防或尽量减少演说时忘词。怎么去做准备，怎么预防呢？

①永远不要提前告诉听众要点的数目。

如果你的记忆力不好，对所讲的内容要点记忆不深，害怕中途忘词。那么你在演说中，最好别提前告诉听众你要阐述的要点数目。不要用"5个关键""6个核心""7个要素""8个策略"这样的数目用语。因为一旦听众脑中有了一个数字，他们就会开始计数。只要你忘记了某一点内容，听众就会知道。而在你尽力回想的时候，所遭遇的会是台上台下令人窒息的可怕沉默。

②用提示卡把关键词、要点记录下来。

如果你害怕演说中忘词，那你不妨提前用提示卡把关键词、要点记录下来。提示卡可以放在讲台上，也可以拿在手心里。当然，当你对所讲述的内容印象深刻时，你没必要总是拿着提示卡。提示卡只是在你快要遗忘所讲的内容时给你的提示，是你回忆内容的最后一根救命稻草。所以，不建议你经常使用，只是在某些特殊时候用一用。比如，昨天晚上你很晚才休息，第二天要做一个演说，那为了避免忘词，你可以使用提示卡。

2. 说错了话怎么办——将错就错莫慌乱

有一次，著名相声演员马季到湖北省黄石市演出。在他表演之前，一位演员错把"黄石市"说成了"黄石县"，引起了全场观众的哄笑。笑声过后，马季登台演出，他张口就说："今天，我们有幸来到黄石省演出……"此话一出，又引得全场观众哄笑。

笑声过后，有些观众窃窃私语，不知道马季究竟想干吗。这时马季开口解释道："刚才，我们的一位演员把黄石市说成县，降了一级。我当然要把黄石市说成省，给提上一级。这样一降一提，哈，就平啦！"简单的几句话，再一次引得全场哄堂大笑。

马季之所以能顺利圆场，是因为他具备超强的临场应变能力。要想成为优秀的演说者，就应该具备这种应变能力。在公众演说中，你说出去的话，就像泼出去的水，是无法收回的。那么，当你说错话时，怎么办呢？你只能想办法纠正，以化解口误带来的不良影响。比如，说错了人名、地名，用错了某个词，你可以随机应变、借题发挥，巧妙化解错误。

有一次，笔者作为特约嘉宾去参加一家公司的培训大会的开幕式。轮到笔者发言时，笔者说："很高兴来到贵公司，我代表贵公司全体欢迎大家的到来！"说到这里，笔者马上意识到说错话了，于是灵机一动说："真抱歉，我作为嘉宾，怎么能代表贵公司呢，那不反客为主了吗？其实吧，这是因为我经常在台上讲话，形成了惯性思维。可见，惯性思维害人不浅啊。讲师们、贵公司领导们，你们可要想办法激发大家的发散思维呀，千万不要像我一样形成了惯性思维。"

演说时说错了话，千万不要慌张，要保持镇定，想办法将错误化解于无形之中。以下几种应对说错话的方法大家可以借鉴一下，如图8-2所示。

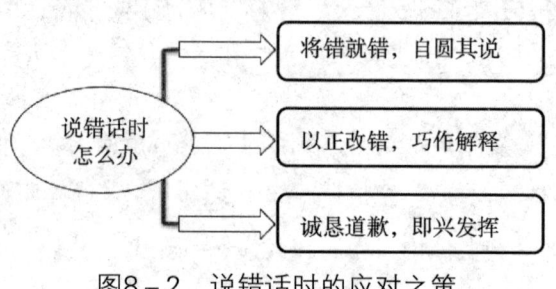

图8-2 说错话时的应对之策

（1）将错就错，自圆其说

记住一个纠错的原则，那就是要学会把错误化大为小，要学会掩饰错误，而不是强化错误。将错就错，顺势圆场，就是掩饰错误的有效举措。当你在演说中说错了前半句话时，你可以将错就错，在后半句顺势消除错误。

比如，演说者要说："2008年的北京奥运会举办得非常成功。"但一时嘴快，说成了"2005年"，接下来，他可以说："2005年，我知道北京在三年后要举办奥运会。期盼了三年，这场奥运会在2008年盛大开幕，且举办得非常成功。"

（2）以正改错，巧作解释

当你说的话有明显错误时，切不可为了面子而置之不理，而应该把错误纠正过来。在纠正错误时，如果能根据现场的实际情况，有针对性地将正误对照起来巧作解释，往往能加深听众的印象。

一位师范大学的班主任，在新生入学后的第一次班会上讲话，他说："同学们，欢迎你们从祖国各地来到这所师范大学，开始你们新的学习生活。我相信只要大家刻苦学习，将来每个同学都能成为合格的小学教师。"

"小学教师？为什么不当大学老师呢？"台下学生发出了一阵骚动。

班主任似乎意识到自己用词不当，于是纠正道："为什么希望你们成为合格的小学教师呢？因为小学教师是启蒙教师，关系到学生的一生。就好比万丈高楼平地起，小学是打基础的阶段。因此，小学教师是太阳底下最光辉的职业。"

一番解释后，既纠正了不当的用词，又强化了学生们对小学教师的认识，给小学教师树立了光辉的形象。

（3）诚恳道歉，即兴发挥

当你在演说中说错了话，并意识到自己的错误时，你不如诚恳地道歉，然后来一番即兴发挥，把错误带来的不愉快因素消除。这样往往能获得意想不到的现场效果。

有位节目主持人，参加一个京剧团的建团庆典。当她充满激情地介绍京剧、介绍剧团、介绍来宾时，由于事先了解情况不充分，错把头发花白的老汉、海南师范学院党委书记南新燕介绍成"小姐"。顿时，全场一片哗然。面对这种情况，该主持人先向被介绍人真诚地道歉，然后侃侃而谈：

"南老，您的名字太有诗意了。我念到您的名字，就立即想起了两句古诗：旧时王谢堂前燕，飞入寻常百姓家。这是一幅多么美好的画面。今天，我们的庆典现场，就有类似的美好画面。因为京剧一度是在北方流行的戏曲，而现在流传到了南方，跨过了琼州海峡，飞到了海南，而且在这里安家落户。这不正是飞入寻常百姓家吗？"

这位主持人的即兴发挥，让当事人和现场的听众折服，赢得全场热烈的掌声，而之前的错误，早已被大家忘记。

当然，如果你尚不能掌握以上化解错误的方法，那不妨坚持一个简单的原则：对于不太明显的错误，你大可忽略它，就当它没有错误，没必要在意。

对于稍微明显的错误，你可以纠正一下。你还可以提问听众，比如，"你们说，刚才我有没有讲错？"一句话就可以解决问题。如果听众指出你的错误,你可以夸奖听众;如果听众没发现你的错误,你可以自己揭出错误。

对于非常明显的错误,你应该诚恳地道歉,并重新进行正确的描述。

3. 听众提问答不上来怎么办——真诚赞美问回去

在演说过程中,突然有人打断你,向你抛出一个问题,你该怎么办呢?对于这一情况,有些人认为被听众打断,会影响自己的演说思路。而笔者却认为,被听众提问的感觉很棒,因为那说明听众在认真听你演说,对你所讲的内容进行了思考。所以,请抓住这个机会,给对方一个满意的回答。

最好的演说,应该就像是和听众愉快地对话,有问有答。这就是说,被听众打断,被听众提问,是演说的重要组成部分。当听众向你提问时,你应该及时作答。如果听众所提的问题,是你演说后半部分中要讲的内容,那你可以对听众说:"问得好,这个问题等一会儿我就会讲到。"

其实,很多听众并不反感听众提问,最反感的是听众提出刁钻的问题,以致自己无法回答,造成不必要的尴尬。这种尴尬的局面又会引起一些听众的议论和骚动,影响演说现场的和谐气氛。

小周是笔者演说培训课中的一名女学员,大学毕业三年多,在一家相亲网站担任营销部经理。她不仅年轻有为,而且长得漂亮,但她特别不喜欢公众演说。为什么呢?原来,她在演说中,经常遭到听众的"调戏",让她感到特别尴尬。

有一次,她在营销活动上给一群客户介绍相亲流程。一开始,她讲得很顺利,客户们也听得很认真。突然,有位男客户打断了她,并问:"周小姐,我可以问您一个问题吗?"

小周礼貌地说:"有什么问题?您请讲!"

没想到,客户问道:"您长得这么漂亮,请问您有男朋友吗?"

顿时,小周的脸唰的一下就红了。半天不知道该怎么回答,大家见她羞怯得脸红,忍不住哄笑起来,整个会场充满了逗乐的气氛。

其实,客户并没有恶意,只是想跟她开个玩笑。对于这种与演说内容无关的问题,笔者建议小周以轻松调侃的姿态去回应。比如,可以笑着问:"您觉得呢?""您猜猜看!""演说结束了,我私下告诉您!"这样可以制造神秘的气氛,活跃现场的气氛。

当然,大多数听众提问都是针对演说内容的,如果听众的问题比较棘手,你一时半会儿回答不上来,那么你不妨按照以下几种顺序中的策略去化解尴尬,如图8-3所示。

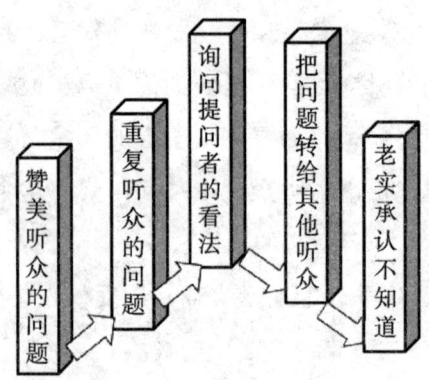

图8-3 听众提问你答不上来的应对之策

（1）赞美听众的问题

"这是个很棒的问题！说明你进行了深入的思考！"

"这个问题问得非常有水平，说明你认真听了！"

"能提出这样的问题，说明你很有想法！"

听完听众的提问，你可以真诚地赞美对方，既能满足对方的自尊心，又能为自己争取思考的时间，还能转移听众对那个问题的注意力。也许赞美了对方之后，你还是没能想到如何作答，但这也比用"嗯""啊""那个什么"之类的口头语回答对方，让你的演说听起来更顺畅。

（2）重复听众的问题

如果演说现场很大，听众很多，某个听众提出的问题，其他听众往往听不清。这时，你可以重复一下这个问题，让全场听众都能听见。这不仅是一个礼貌的举动，还能借重复问题的时间，给自己争取思考的时间。

（3）询问提问者的看法

如果你无法回答听众的问题，那也不必急着承认自己的"无知"。你可以对听众说："这个问题比较有意思，你有什么想法？""这个问题非常好，我想先听听你的想法！"这样就很自然地把问题推给了提问的听众。

很多时候，提出高深问题的听众，往往已经在内心有一些想法，要么是想借提问表现一下自己，要么是想看看演说者的答案和自己的想法是否一致，要么是想"刁难"一下演说者。当你请提问者作答时，也许正好能满足他的表现欲，同时，又帮你摆脱了尴尬。待对方说出自己的想法之后，也许你会受到启发，再补充一下，就是一个圆满的回答呢！

（4）把问题转给其他听众

如果听众的提问你回答不上来，提问者也回答不出来，你还可以将问题转给其他听众。你要相信众人的智慧是无限的，要善于借助众人的智慧。比如，"我相信这个问题很多人都有不同的见解，现在我请几位听众谈谈自己的看法！"然后轮流叫几位听众发表看法，在他们回答的时候，你可以综合他们的意见，或从不同的角度去思考，以便最后综合作答。

（5）老实承认自己不知道

当你把问题抛给提问者、抛给其他听众也找不到答案，甚至连一点基本的思路都找不到时，你应该老实承认自己不知道。比如，"真的很抱歉，这个问题我回答不上来！""你提的这个问题我真的不懂，没办法回答你，我们可以回去查找资料，然后再去探讨！"

如实地承认自己不懂、不知道，并不会影响你的形象，相反，可能更容易赢得听众的尊重。因为没有人是万事通，谁也不能保证自己能够回答所有的问题。承认自己的"无知"，更能显现你的坦诚、真实和人格魅力。

4. 听众提出反对意见怎么办——冷静倾听巧发言

能够有机会针对某个主题登台演说的人，往往对这个主题是比较了解的，或有较广知识面的。但这并不代表他能够事事精通、样样上手，说出的每个观点都能服众。即使是某些领域内的资深专家，在演说中的表述也难免有纰漏之处。因此，在演说中遭遇听众提问，甚至被听众公然反驳，是一种较为常见的现象。

两年前，笔者参加了一本名著增印的推广活动。作为到场演说嘉宾之一，笔者是第一个出场的。活动举办方希望笔者能够向到场的观众介绍一下这本书的基本内容。第二个出场的嘉宾是一位营销推广人员，他的任务是针对现场的书商和读者朋友进行说服和鼓动，让大家多订购这本书。

由于这是一本经典名著，内容笔者早就了解，但笔者知道很多资深读者也很了解这本书。因此，在演说时，笔者始终保持一种谦虚和低调的语气，以一个普通读者的身份和大家分享这本书的内容以及阅读后的感受。整个演说过程只有8分钟，进行得非常顺利，与现场观众的互动也很活跃，效果还是很不错的。

轮到第二位嘉宾演说，他上台之后就慷慨激昂，语气激进，大谈特谈这本书的卖点，向大家介绍阅读这本书的好处，鼓动现场读者和书商赶紧下手抢购。否则，新书上市可能供不应求，到时候想买都买不到。

讲了3分钟后，有听众开始坐不住了，场下有人小声地议论着。又过了大概2分钟，有位听众突然大声反驳："能不能实事求是一点？这本书没你说的那么神奇吧！我怎么听你的意思，好像这本书能包治百病一样？"此话一出，现场哄笑一片。

演说者对这种情况显然没有心理准备，顿时脸红，有些惊慌失措。只见他冷场了几秒，突然生气地叫道："刚才谁说话呢？请站起来说，缩在人堆里算什么！"

没想到，那位听众居然站起来，公然和演说者辩论起来。他强有力地指出对方观点的各种漏洞，哪里不合逻辑，哪里又缺乏证据，让演说者无法反驳，搞得演说者很没面子，演说气氛也降至了冰点。最后，还是主持人出面打圆场，才让这场"风波"得以平息。

人与人看问题的立场是不同的，对待同一事物的看法不一样是很正常的。因此，当你在演说时遇到听众提出反对意见时，千万不要如临大敌，像刺猬一样，马上缩起脑袋，把锋芒对向听众。不妨保持谦虚谨慎的态度，不着痕迹地赞扬听众："这个问题提得很专业，看来你在这方面研究颇深啊！能不能详细说一下你的想法？"

在笔者的演说课堂上，曾有很多人问笔者："演说中遇到不同的意见时，我怎样才能把对方驳倒，彻底消除反对的意见？"笔者总是告诉他们："驳倒别人并不难，但是靠辩论无法赢得别人的心。把一个反对者气哭不算本事，把他说服了跟你走才是本事。"

那么，面对观众的不同意见或反驳，我们具体应该怎么应对，才能把对方说服，或是让对方心甘情愿地与你合作，不继续"找碴"呢？笔者认为应该做到以下几点：

（1）演说之前，对反对意见应该有所预测和准备

当你针对某个主题演说时，最好提前预测听众可能提出的问题和反

对意见。针对这些问题，你应该提前准备如何去回答；针对反对意见，你应该提前准备如何去回应。

如果你预测自己所演说的主题，有大部分观点会赢得听众的认同，那你演说时可以先讲这部分的内容，以求营造良好的演说气氛。如果你预测自己所讲的主题会引起听众不同的意见，那你可以先说你们可能的共同观点，强调你友好的态度。

例如，你可以说："我们能够聚在一起探讨这个话题，那就是奔着真诚而来的。我们共同的目的就是推进这个问题的深入交流。也许对于这个问题，我们各有自己的看法，但我们首先要了解彼此的看法，然后再进一步探讨。接下来，我先说说自己的看法……"如此诚恳的态度，很容易缓和听众的对抗情绪，便于你更好地演说。

（2）保持足够的冷静和耐心，认真听对方怎么说

有些演说者在听到有人提出反对意见时，首先想到的是反驳，这种不尊重对方说话权利的做法，很容易激起别人的敌对情绪。正确的做法是，保持冷静和耐心，听对方说完自己的观点。

比如，面带微笑地说："原来你支持多管齐下的战略啊，其实我也有自己的想法，但我对你的看法很感兴趣，请问你能不能跟我具体分享一下你的观点？"然后，目光注视着他，示意对方发表意见。在对方表达的过程中，你全程保持倾听状，并适时做出语言和肢体上的回应，让对方知道你在认真听。

懂得倾听是演说者必须具备的素养，也是消除他人不同意见的有效方式。心理学研究发现，你用什么样的行为对待不同意见的人，对方就会产生什么样的心理。如果你很有耐心地倾听，别人就不会盲目地带着情绪抵触你。

为了做到冷静和耐心倾听对方提出的不同意见，你需要谨记三点：

①用善意对待不同意见。别人的意见只是针对具体问题的，并非针对你，切勿觉得对方是在故意找碴、拆台、和你过不去。

②用理性看待不同意见。不要觉得"接受别人的不同意见，就显得自己无能"。

③用学习的心态对待不同意见。从不同的意见中能学到新的看问题视角，进而完善自己的观点和想法。

（3）全程对听众表达尊重，适时表明你的态度

在听完对方的不同意见后，你应该适时表明态度。或同意对方的观点，或表达不同的想法，或寻找你们观点的共同点，找到双方的共识。在这个过程中，你应该全程对听众表达尊重。要让对方感受到你的真诚："我非常尊重你看问题的视角，你的看法很有新意，对于这个问题我也有自己的看法，也许不太正确，但也是一种想法……"

举个简单的例子，当你针对移民问题发表演说时，有听众提出反对意见后，你可以表态道："虽然我们对移民的看法不太一样，但我们的观点也有共同之处……您看，我能详细说说我的看法吗？"从你们观点的共同点上着手，有利于缓和演说气氛。就算最后你们无法达成共识，那至少也可以搁置争议，让演说顺利进行下去。

5. 遭到恶意刁难怎么办——冷静而幽默地应对

生活中，有些人特别喜欢与人唱反调，不管别人说得是否有道理，

他都要反对一下，好像这样才能显示自己的聪明才智。这种人也许某一天就坐在台下的听众当中，当你演说时，他突然发难，故意跟你唱反调，或做一些恶意刁难的举动。碰到这种情况，你一定要沉着冷静地应对，让演说按照自己设定的方向继续下去。

2013年3月23日，美国前总统奥巴马在耶路撒冷对一群以色列大学生作演说。当他讲到美国始终是以色列的亲密盟友时，一名男学生突然从观众席站起来，大声地抗议。但这名学生很快就遭到现场其他学生的围剿。紧接着，现场的保安人员将他带离了会场。

抗议风波平息后，奥巴马用一贯冷静的语调说："这就是我们刚刚谈到的所谓现场讨论的一部分，非常好。"顿时，现场爆发出一阵热烈的掌声。奥巴马又幽默地说："我必须说，其实，这是我们安排的，这样才让我感觉像在家（美国）一样。如果没有哪怕一名闹场者，我都会感到很奇怪。"

演说结束之后，25岁的以色列大学生瓦尔纳说："他是一位总统，同时也是一名摇滚巨星。这真是太神奇了，他很懂得如何打动人们的心。"

当演说遭遇闹场者的抗议时，奥巴马表现得十分冷静，同时又用幽默彰显了智慧。这是顺利完成演说的必备素质。我们在演说中，也可能遭遇听众的刁难和挑衅，面对这类突发情况时，建议采取以下5招去应对，如图8-4所示。

图8-4　遭到恶意刁难时的应对之策

第1招：正面回击

在演说中，当听众不友好地质疑你，或故意不配合你时，你可以采取直接回击的办法，平息对方的刁难。

有一次，笔者在一家国企演说，主题是"不做沉默的人"。有个听众突然站起来说，他觉得沉默没什么不好，为什么非要不做沉默的人呢？显然，他并没有理解笔者这个演说主题的意思，但笔者没有多说，只回击了一句话："你现在不正是不沉默吗？"

当你对自己的回答比较有把握时，你可以大胆地正面回击。但要注意控制时间，以较快的速度回击，避免其他听众冷场，影响演说效果。

第2招：妙用借喻

在纽约国际笔会第48届年会上，中国代表陆文夫发表讲话。中途有个听众不怀好意地问："陆先生，您对性文学怎么看？"

陆文夫冷静地说："西方朋友接受一盒礼品时，往往当着别人的面就打开来看。而中国人恰恰相反，一般都要等客人离开以后才打开盒子。"

在这里，陆文夫用了一个生动的借喻，巧妙地回答了一个敏感棘手的问题，委婉地表达了自己的观点。同时，又没有和对方直接唱反调，使问话者不至于尴尬难堪，这样就维护了现场的气氛。

演说时，听众对你所讲的内容会有不同的意见，你的观点不一定是对的，听众的意见也不一定是错的。因此，演说时碰到反对、反驳现象时，即便你知道对方不怀好意，也不必采取针锋相对的态度，通过借喻手法委婉地回应不失为上佳策略。

第3招：曲意歪解

美国前总统威尔逊在一次竞选演说时，有一位捣乱分子高声打断："狗屁，垃圾！"这本是讽刺他、指责他，没想到他却笑着说："这位先生，我马上就要谈到您提出的脏乱问题。"

在这里，威尔逊运用的回应方法叫曲意歪解，即明知对方的意思，但却故意歪解成其他的意思，从而避开捣乱分子的针尖，收到出其不意的幽默效果。

第4招：借力打力

有时候，演说遭遇个别听众的挑衅、捣乱时，演说者可以借助听众的力量来化解。

有一次，笔者在一家企业培训演说技巧。笔者让大家站起来大声练习，但有一名学员非常不配合，坐在那里一动不动，气氛有些尴尬。当时笔者并没有直接要求那位学员站起来练习，而是再次重申让大家站起来练习发声的原因，并叫所有人用掌声鼓励那位学员。在众人的掌声中,他只好配合着站起来。

第5招:互留台阶

有时候遇到听众的不配合或故意刁难性的提问,由于演说时间不足,加上你又不知道答案,没办法回答对方。这个时候你一定要保持冷静,不妨给对方一个台阶下,也算是给自己一个台阶下。你可以说:"非常感谢你的提问,可这个问题比较复杂,两三句话说不清楚。等演说结束了,欢迎私下来交流。"至于私下对方来不来交流、如何交流,这都不重要。

6. 时间快到了没讲完怎么办——巧做总结以收尾

演说不是永无休止的唠嗑,也不是上台打个招呼就飘然而去的黑色幽默。演说是在一定的时间内,进行的信息传播活动,这就涉及时限问题。在这个人人信奉"时间就是金钱"的年代,演说者必须把握好演说的时间,确保在规定的时间内结束演说。因为演说如果超时,就会大大削弱演说的效果,甚至引起听众强烈的不满。

有一年,笔者去上海展览馆参加一个创业项目的路演活动。20家创业公司的代表人逐个上台讲话,规定每人只有5分钟。整个流程下来,笔者发现只有一个代表人在4分50秒结束演说,其他的代表人都超时了。

最普遍的情况是,当5分钟的时间快到时,演说者就像过街老鼠一样慌乱，语速突然加快。然后，在主持人"时间到"的打断下，突然停止了路演。效果可想而知，投资人凭这一点，就会对一家公司及其项目的印象大打折扣。

时间是评价演说成功与否的一把标尺，对优秀演说者的评估方式之一，就是看他对演说时间的把控。如果主题内容还没有讲完，却发现时间快到了，那么演说者就应该马上压缩内容、缩短时限，确保演说在规定的时间内结束。

有一次，笔者应邀在演说培训结业课上发言。由于很多学员要在下午回家过国庆长假，加上笔者前面的发言者占用了大量时间，致使台下的学员一见到大把的稿子就心烦，听不下去。因此，现场气氛不太热烈，听众走神、交头接耳的现象很严重。

在这种情况下，笔者当即决定缩减演说内容，把事先准备好的演说稿删去了三分之二，用了大约3分钟的时间，长话短说地讲完了演说内容。这种随机应变地改"长"为"短"，符合当时的情境，符合听众的心理需求。所以，当笔者讲完，台下爆发了热烈的掌声。

要想把握好演说时间，我们应该事先准备好演说稿，测算好演说速度，反复演练，从而预测演说时间。在演说过程中，我们可以通过看手表、看墙上的挂钟、让助教递纸条、工作人员后场做手势告诫等办法来判断时间进程，从而有效地把控演说的时间。当然，大多数时候，演说者都应该主动去了解时间，比如，把手机、手表放在讲台上。

那么，当你发现时间快到了，内容还没讲完时，该怎么办呢？

（1）保持正常语速，从主体内容上压缩时间

当你发现演说时间快到了时，切勿慌张，千万不要突然加快语速。你应该继续保持正常语速，然后设法删减主体内容，从主体内容上压缩

时间。以一篇演说稿来说，开头一般要用20%的时间，主体要用70%的时间，结尾要用10%的时间。在开头和结尾的内容不好调整、不好压缩的情况下，唯有通过删减主体内容来压缩时间。

比如，主体内容中本来有5个要点，但时间快到了，你可以讲4个要点；主体内容中本来要讲4个方面，但时间快到了，你可以讲3个。这也是笔者在前面提到的，不要提前告诉听众要点数目的一个原因。

（2）把控提问环节，看时间来决定问题数量

如果你的演说中预留了提问环节，那么当你发现时间快到了时，就可以简化提问环节。比如，你原计划提5个问题，可时间有限，你就提3个问题；或者仍然提5个问题，但每个问题都简单地回答。

（3）询问听众意见，是否延时看听众的意见

有时候，你准备的演说内容确实很精彩，你认为不讲出来实在太可惜，是大家的损失。那么，这时你可以询问听众意见，看听众是否同意你延时去讲。

有一次，笔者在国内一家著名的保险公司做演说，听众有两百多人，远程还有三千多人。现场还有几位重要的嘉宾，是该公司邀请来的国内外大企业的重要人物。

下午的第一场由笔者开讲，在这个时段内演说是很有压力的。因为听众多半都有睡意，但由于笔者分享的内容比较精彩，现场的气氛还是很不错的。后来，会场后面的工作人员举牌示意时间快到了，但是笔者还有一点内容没讲完。

到底讲不讲呢？这时把决定权交给听众。问听众："在座的各位，

我的演说时间已经快结束了,可后面还有一点精彩的内容,大概需要5分钟时间。大家看,我是现在结束呢,还是再花5分钟时间,把那点内容讲下去呢?"

听众们说:"讲下去!"并热情鼓掌。

于是,就多花了5分钟时间,把精彩的内容讲完了。

当演说时间马上到了,演说的内容又没讲完时,你不妨询问听众的意见,看看大多数人的态度。看他们是愿意让你延时去讲,还是希望你早点结束演说。

相信只要你询问听众的意见,绝大多数情况下,听众会支持你继续讲下去。除非你讲得真的很糟糕,听众已经无法忍受了,才希望你早点结束演说。

第九章
结尾：余音绕梁，耐人寻味

演说过程中，难免会遇到一些意外情况。比如，突然忘词、说错了话、用错了词、听众问题难住了你、遭遇听众公然反驳等。面对这些情况，能够做到沉着应对、机智化解，是一名出色演说者应当具备的素质。这种素质不仅能帮助演说者活跃现场的气氛，还能将口误、尴尬等转化为一种幽默，增强演说的趣味性。

1. 还要拖多久？是时候收尾了

有一次，美国作家马克·吐温去教堂做礼拜，一位传教士正好在那里募捐，他用激动而令人爱怜的语气讲述非洲传教士的艰苦生活，希望大家伸出援手，捐献爱心。马克·吐温听了5分钟后，觉得这件事很有意义，于是决定捐赠50美元。

可是传教士还在讲，10分钟后，马克·吐温决定只捐赠25美元。又过了10分钟，马克吐温决定只捐赠5美元。又过了10分钟，当传教士结束演说，拿着钵子走向听众请求捐赠时，马克·吐温不仅没有捐钱，反而从钵子中偷拿了2美元。

这个故事充分说明，听众的耐心是有限的。一项心理学研究结果表明，假设一场演说的时间为45分钟，听众的注意力往往只能保持在前15分钟。后面的30分钟，听众接收的信息很有限。这说明，人们讨厌长篇大论。

作为演说者，并不是你讲得越多越能打动听众，很多时候恰恰相反，你讲多了，无休无止，反而会耽误听众的时间，消耗听众的耐心，引起听众的反感。所以，不要满足于在一场演说中讲的时间有多长，而要在该结束时，果断地收尾，给演说一个漂亮的"收口"。

为什么有些人喜欢在演说时漫漫长谈，迟迟不收尾？下面，我们就来分析一下原因，并提出针对性的策略。

原因1：想把主题表达得更清楚

说了一遍，又说一遍，翻来覆去地讲，生怕听众没听懂。

对策：事先演练，讲给家人、朋友、同事听，让他们找出重复、啰唆、可有可无的话，以便精简演说内容。

原因2：语速太慢

有些人天生语速慢，别人1分钟讲250个字，他们1分钟只能说150个字。这样一来，同样是5分钟的演说时间，别人能够在5分钟内讲完，他们自然要延后几分钟。

对策：练习你的语速，正常的语速应该控制在1分钟说200个字，太快或太慢，都不利于听众接收信息。当然，结合不同的演说内容和故事情节，可适当地放慢或加快语速，以增强表达效果。但总体而言，你的语速应该保持正常，切勿太慢，那样会让听众感到听演说是在受折磨。

原因3：时间观念淡薄

有些人并非语速太慢，也不是为了更清楚地表达主题，只是因为健谈才无休止地讲。这属于典型的时间观念淡薄。

对策：培养演说的时间观念。事先练习时，可以用手机或闹钟设定时间，时间到，提示音响起。多次这样练习，有利于提高你对演说时间的掌控力。

原因4：讲的主题过于分散

有些人想在演说中跟听众分享更多的内容，所讲的主题不够集中，或主题比较宽泛，这就很容易造成演说时间较长。否则，短时间内很难把一个大而宽泛的主题讲清楚。

对策：精简主题，确保每次演说的主题都限定在一个较为具体的范围内，切勿宽泛、分散。

按照以上四个对策，消除迟迟不肯收尾的四个原因后，你就能在演说该收尾的时候收尾了。拿破仑说过："兵家成败决定于最后5分钟。"演说同样如此，一场演说的成败，很大程度上取决于结尾。精彩的结尾不仅可以强调主题、升华中心，还能给听众留下深刻的印象,给听众带来精神上的愉悦和满足。因此,要有收尾的意识,并且设计好你的收尾。下面,我们就来简单介绍一些比较有创意的收尾方法(图9-1),有些常规的收尾方法会在后续小节单独介绍。

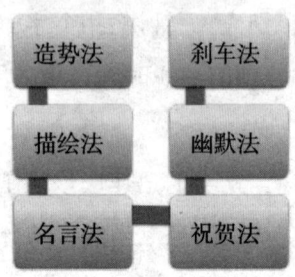

图9-1 演说收尾的方法

(1)造势法

有一次,著名作家老舍先生在某市演说,他开头说要给大家谈六个问题,然后,从第一个问题一直谈到第五个问题。谈完第五个问题时,他发现时间差不多了,于是提高嗓门,一本正经地说:"第六,散会。"听众先是愣了一下,随后欢快地鼓掌。

在这里,老舍运用的是一种"平地起波澜"的造势艺术来收尾,它打破了正常的演说内容,给人出乎意料的感觉,取得了很好的效果。

(2)描绘法

在演说结尾,给听众描绘一幅未来图景:"想象一下……"引发听众的想象,加深听众对主题的印象。

（3）名言法

通过引用名言、警句、谚语、格言、诗句等来为你的演说收尾。这种结尾方式可以增加演说观点的可信度，显得更加睿智大气，有较强的说服力和鼓舞性。比如，在《谈毅力》这个演说中，结尾是这样的："记住：顽强的毅力可以征服世界上任何一座高峰！"这句话是英国小说家狄更斯的一句名言。

（4）祝贺法

诚挚的祝贺充满情感的力量，最容易拨动听众的感情心弦，产生和谐的共鸣。在一些喜庆的场合，演说者可以用祝贺法来为演说收尾。

（5）幽默法

在演说的结尾，使用幽默、风趣的语言，可以增添演说的欢乐气氛，使演说更有趣味性，令人在欢声笑语中深思，给听众留下一个愉快的印象。比如，鲁迅先生《在上海中华艺术大学的讲演》的结尾："以上是我近年来对于美术界观察所得的几点意见。今天我带来一幅中国五千年文化的结晶。请大家欣赏欣赏。"说着，他将一只手伸进长袍，把一卷纸徐徐从衣襟上方抽出。打开看时，才发现原来是一幅病态十足的月份牌，引得大家哄堂大笑。演说就在这笑声和掌声中结束了。

鲁迅先生的这个别出心裁、极具喜剧性的结尾，不仅深化了主题，使听众对那种拙劣的美术创作加深了认识，还让听众带着愉快的心情，在美好的享受和回味中离开会场。

（6）刹车法

刹车法是指讲着讲着，突然停止，进行结尾。美国作家约翰·沃尔夫认为，演说最好在听众兴趣未尽时戛然而止。意思是说，最好在演说达到高潮时果断刹车，以此来强化给听众的最佳印象。

此外，比较有创意的结尾法还有歌声法、讲故事法等，即用歌声、讲故事来结尾。要注意的是，结尾不宜太长，而应当简洁有力，这是我们应该遵循的基本原则。

2. 总结式结尾：言简意赅说要点

总结式结尾，又叫"总结性结尾""总括性结尾""归纳性结尾"。就是在演说的结尾处，对全篇内容作一个简练的总结，对主题内容进行总结概括。这个结尾方式对一场演说有着十分重要的意义。

一场演说哪怕只有5分钟，如果结尾不提纲挈领地点题，那么大多数听众往往弄不清演说的主要论点。有些演说者可能会这样想："我的演说主题很简单，很清晰，没必要在结尾总结概括。"

事实并不尽然，演说者对自己的演说主题有较长时间的思考，但这个演说主题对于听众来说，却是全新的。听众听完演说，可能只记住了一大堆事情，但中心论点是什么，他们却不清楚。所以，结尾总结全文对于深化听众对演说的理解是很有必要的。

在笔者参加的上百次演说中，有一个明显的规律：以小时为计时单位的演说，在结束时总有一个总结回顾的时间。演说者、培训师会利用最后10分钟，对整个演说或课程内容进行概括总结，以加深听众的印象。

在运用总结式结尾时，有一些常用语需要掌握，比如，"总之""总而言之""由此可见""的确"等。例如，《我的伯父鲁迅先生》的结尾是这样的："的确，伯父就是这样一个人：他为自己想得少，为别人想得多。"

在运用总结式结尾时，要注意以下三点：

（1）高屋建瓴，总览全篇，画龙点睛

总结式结尾不是对演说主题的重复啰唆，而应该有一定的思想高度，站在较高的角度去总括全文、总览全篇，以起到深化主题、突出中心、画龙点睛的作用。比如，演说稿《永照华夏的太阳》的结尾：

我们是从哥白尼日心说中认识太阳的，我们又是从历史的迁徙中认识中国共产党的。八十年过去了，八十年斗转星移，日月变迁。太阳的辐射仍依托马列主义的热核放出它巨大的能量，从而去凝聚着属于它普照的民族和人民。月亮离不开地球，地球离不开太阳，人民离不开党。祖国的未来，中华的腾飞，需要中国共产党的领导，党就是永照华夏的太阳，也就是我们心中的太阳。

这个结尾称得上高屋建瓴、总览全篇，巧妙地对比自然界的太阳和华夏儿女心中的太阳，总结归纳出"地球离不开太阳""人民离不开党"的结论。字里行间流露出对太阳的希望和向往，流露出对党的歌颂、赞扬和追随，给听众留下了深刻的印象。

（2）语言精练，概括要点，不及其余

总结式结尾应该是整个演说最核心的部分，所以，语言一定要简练，要概括要点。千万不要啰唆、重复，也不要展开另一番论述。有些人在总结式结尾中，喜欢把前面讲到的分论点组合在一起来作为结论，如果仅限于此，那就显得深度不够，应该在此基础上做一些延伸和升华，让演说主题上升到另一个高度。

下面是美国芝加哥一家铁路公司的交通经理的演说结尾：

各位，简而言之，根据我们在东部、西部、北部使用这套机器的经验，我发现它操作十分简单，效果极佳。它的使用可以极大地减少撞车事件，从而省下巨额金钱。鉴于此，我以最急迫、最坦诚的心情建议：立即使用我们公司的这套机器吧！

这个精彩的总结式结尾，让人不必听演说的其余部分，就能清楚这次演说的主题内容。因为它把整个演说的重点涵盖进去了，而且用词非常简练。这样的总结式结尾就十分有效。

（3）重复题目，首尾呼应，振聋发聩

演说的题目或标题是演说的重要组成部分，是最具个性和特色的标志。在演说结束时，如果重复题目，再一次点题，能有效地加深听众对演说的印象，使听众产生强烈的共鸣。比如，演说稿《我爱长城，我爱中华》的结尾：

雄伟啊长城，伟大啊中华！我登上崇山峻岭的高峰之巅，我站在万里长城耸入云端的城楼之上，我昂首挺立在世界的东方，在祖国的山川大地，向世界的大洲、大洋，向天外的星球宇宙，纵声呼喊：我爱长

城！我爱中华！

这种总结式结尾，既表达了主题，又产生了鼓舞人心、振聋发聩的冲击力，能够大大加深听众的印象，感染听众，给人力量。

3. 号召式结尾：慷慨激昂发号召

号召式结尾，即用提希望或发号召的方式结尾。这种结尾方式是演说者以慷慨激昂、奋发向上的语言，对听众的励志和情感进行激发和呼唤，或提出希望，或发出号召，或展示未来，最终激起听众情感的波澜，号召听众改变观念，采取行动。

例如，演说稿《一位纪委书记的小家和大家》的结尾：

同志们，朋友们，我们正处在一个伟大变革的黄金时代，经济的发展，国家的富强，民族的振兴，需要全体人民的艰苦奋斗，特别是共产党员的模范带头作用。如果每一个共产党员都能正确处理好小家和大家的关系，严格地按党性原则要求自己，用党的纪律约束自己，用党旗下那神圣的誓言激励自己，那么我们党的形象将会更加光彩照人，我们党将会更加坚强伟大！

号召式结尾是演说者用深刻的认识和独到的见解，向听众提出希望、发出号召，由于这种结尾方式的语言有种特别的魅力，能够鼓舞甚至煽动听众的心。所以，它往往能使听众的精神为之一振，具有动人情、促人行的作用。

第二次世界大战结束以后，英国首相丘吉尔在剑桥大学发表演说。可是他的演说内容只有四个字：永不放弃（Never, never,

never, never give up)！每次讲"永不放弃",他都会伸出V形手势,并且声音更加响亮。

当丘吉尔最后一遍讲出"永不放弃"时,也许是想到自己的奋斗史,也许是想到了第二次世界大战中饱受战争伤痛的英国国民,他坚毅的眼中俨然饱含着深情的泪花。

丘吉尔竞选首相失败过多次,面对猖狂的法西斯,他带领英国人民英勇出击。第二次世界大战后,他竞选连任首相失败。20世纪50年代,他再次参加竞选,终于获胜。这个诺贝尔文学家,用一生的经历,捍卫着"永不放弃"这四个字,并号召人们永不放弃。所以,当丘吉尔一次又一次地高呼"永不放弃"时,这四个字对现场的听众产生了强大的号召力。

在运用号召式结尾时,除了提出概念性的号召,比如,"行动吧!勇敢地行动吧!"我们还可以对听众提出具体的要求,明确告知听众应该做什么事。具体来说,在发号召、提要求时,要遵循以下原则,如图9-2所示。

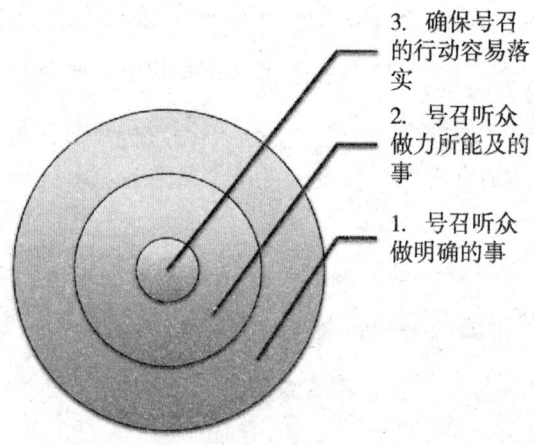

图9-2 发号召、提要求要遵循的三个原则

（1）号召听众做明确的事

在号召式结尾中，别说："请帮助红十字会。"这样的号召太笼统，号召力不够强大。你可以说："现在请大家掏出钱包，从口袋里拿出10元，给我们的红十字会最有力的支持，让我们一起去帮助贫困的人。当然，如果你们愿意多捐一些，我们非常欢迎，非常感激。"你看，这样的号召就很明确，听众知道接下来该怎么做，很容易受到你的语言鼓动，从而掏出钱包，捐出10元钱。

（2）号召听众做力所能及的事

在号召听众行动起来时，别说："让我们投票反对'二手烟'。"虽然听众可以投票反对"二手烟"，但是"二手烟"并不会因为听众的投票而减少甚至消失。不过，我们可以号召听众参加戒烟会，号召听众不要在公共场合吸烟。再比如，在募捐演说、竞选演说结束时，你可以号召听众力所能及地捐些钱，或请大家投你一票。这都是听众能够做到的事情。

（3）确保号召的行动容易落实

在号召式结尾时，别说："请写信给你的参议员投票反对这项法案。"因为这件事落实起来太麻烦了，听众还要买信封和邮票、写信、贴邮票、寄信，99%的听众不会这么做。因此，你号召的行动应该是容易落实的，是听众觉得做起来比较轻松的。

比如，"现在请大家联名投票反对这项法案，同意投票的请轮流在这张纸上签名！"然后，你把笔和纸递给听众，让大家相互传递，逐一签名。这样听众做起来就简单许多，而且当场就可以看到号召的成效。

4. 决心式结尾：信心十足立誓言

决心式结尾，指的是在演说中以表决心、发誓言的方式结尾。这种结尾饱含深情、态度诚恳、激情奔放，有助于坚定听众的信念，增加演说的感召力。

2016年10月28日，华为总裁任正非在深圳举行研发战士海外出征大会。在会上，他发表了主题为"出征·磨砺·赢未来"的战前动员演说。他在演说中讲道："我们错过了语音时代、数据时代，世界的战略高地我们也没有占据，我们再不能错过图像时代。"因此，他在此次出征大会上，选拔了2000名有着15～20年研发经验的高级专家、高级干部深入前线，目的就是占领图像高地、引领云化时代。

在演说的结尾处，72岁的任正非举起了拳头，表达了不胜不归的决心和无敌的勇气。他说："三十年的奋斗，我们已从幼稚走向了成熟，成熟也会使我们惰怠。只要组织充满活力，奋斗者充满精神，没有不胜利的可能。炮火震动着我们的心，胜利鼓舞着我们，让我们的青春无愧无悔吧。"

这番决心式结尾，产生了强烈的感召力，极大地鼓舞了现场员工的士气，坚定了现场员工的决心，产生了很好的动员效果。

再比如，在演说《无愧于伟大的时代》的结尾：

同学们，让我们高举起五四的火炬，弘扬民主与科学的精神，把爱国之情、报国之志化为效国之行，用我们的热血和汗水、青春和智慧，甚至是生命，向我们的先辈和后代，向我们的祖国和民族呐喊：我们将无愧于伟大的时代，无愧为中华民族的炎黄子孙！我们将无愧为跨世纪的中国人！谢谢！

决心式结尾言简意赅，语言真切，充分表达了演说者的鲜明立场和坚定决心，从而强有力地鼓舞着广大听众朝着这一目标奋进。

在运用决心式结尾时，需要注意两点：

（1）决心式结尾要看演说性质，用对场合

决心式结尾不仅能体现演说者的决心，而且能激发现场听众对演说者充满信心。因此，它常用于竞聘演说、上任讲话等场合。想象一下，在竞聘演说上，为了给自己拉选票，为了赢得支持，演说者必然要想办法通过演说打动听众和评委，让大家对他有信心。如果能在演说结尾来一番豪言壮语，信心十足地表达决心，必然能取得良好的鼓动效果。

笔者有一个亲戚的儿子大学毕业后，在当地农村当村官。三年后，他竞聘村委会主任。亲戚让笔者帮他的孩子设计一下竞聘演说稿，在演说稿的结尾处，笔者让他大胆地表决心、发誓言。竞聘当天，我亲临现场，见他是这样结尾的：

"虽然我没有当干部的经验，但我有为官一任、造福一方的热情。如果我当上了村委会主任，我有信心在两年内实现以上规划，让咱们村的面貌焕然一新，让大家不用外出打工，在家就能过上有钱有闲的生活。我说到做到，如不兑现，我甘愿下台受罚！"

台下的领导和村民听了他这番豪情壮志的决心后，一开始还充满怀疑的眼神，很快就变成了信任的目光。话音刚落，台下掌声经久不息。竞聘结果出来，他以绝对优势的选票当选了村委会主任。

（2）决心式结尾要别具一格，切勿雷同

在竞聘演说、上任讲话等场合，如果演说者都用决心式结尾，那么后发言者的决心式结尾就会给人雷同感。因此，作为后演说的人，应该想办法让自己的决心式结尾别具一格。怎样才能做到别具一格，不雷同呢？一般有两种策略：

①顺手牵羊，用别人结尾中的原话来表决心。

比如，在竞聘厂长的演说会上，后发言的竞聘者徐盛在演说结尾这样说："刚才赵航同志说的也是我的心声，那就是：无论能不能获得这个职位，我都要奋发图强，为咱厂创造辉煌，贡献自己的力量。"

在这里，徐盛就巧妙地借用了他人之言表达了自己的决心，看似重复却有新意。不仅没有拾人牙慧之嫌疑，还让听众在重复之中看到演说者的不凡智慧。

②简单汇总他人的"决心"，作为自己的誓言。

在竞聘校长的演说会上，陈飞的出场顺序排在最后。当他发现前面的每个竞聘者在演说结尾都表决心时，他没有再表决心，而是灵机一动，对前面几位竞聘者的决心做了简单的汇总，然后说："同志们，决心我在这里就不表了，因为前边每一位竞聘者都表了决心，他们的决心就是我的决心，他们的心声就是我的心声！"话音刚落，会场上就响起了热烈的掌声。

这种表决心式的结尾就很有创意，看似没有表决心，实际上胜于表决心。

5. 余味式结尾：提出问题引人深思

俗话说："织衣织裤，贵在开头；编筐编篓，重在收口。"一场精彩的演说，除了有引人入胜的开头，还应该有耐人寻味、发人深省的结尾。这就叫"余味式结尾"，即留余味、泛余波，就像撞钟一样，清音不断，余味袅袅，令人回味无穷，三日不绝于耳。

余味式结尾就像初夏的晚霞一样美不胜收，并且伴有渔舟唱晚的娓娓之声，让听众流连忘返，久久不能忘怀。比如，演说稿《人生的价值何在》的结尾：

"雷锋在他短暂平凡的人生中创造了巨大的人生价值，给我们留下了宝贵的精神财富。那么，亲爱的朋友们，我们在漫长而又短暂的人生道路上，又将做些什么？创造些什么？留下些什么呢？"

这个结尾采用的就是对比和提问的手法，听后令人深思，让人不得不扪心自问。

余味式结尾重在巧妙发问，引发听众思考，将演说的意蕴加以深化。在发问时，要抒发真情实感，切勿牵强附会，生搬硬套。

比如，"雨依旧下着，但慢慢变得温柔起来；天空依然阴沉，但慢慢变得明亮起来；我的心依旧沉重，但慢慢变得轻松起来。这次遭受的伤害，叫我怎么能忘怀？"这个余味式结尾就充满了真情实感，能够打动人心，引人思考。

通过发问引人深省，是给演说制造余味的有效方式。此外，我们还可以通过以下几种方式来给演说制造余味，制造感染力。

（1）陈述事实，引人思考

在演说的结尾，可以通过陈述事实，给听众留有思考的余地，让人有所启发，获得感悟。比如，在一篇名为《学会冷静思考》的演说稿中，结尾是这样的："乌鸦遇事不冷静思考，盲目听信狐狸，结果又上当了。"这个结尾并没有提问，但依然会引发听众的深深思考：不论做什么事，都要学会冷静思考，明辨是非，切勿轻信他人。

（2）含蓄表达，余味无穷

相比直接陈述事实，含蓄的表达更有利于制造无穷的余味。所谓含蓄的表达，就是把要说的话、要表达的真情隐藏起来，使文章结尾留有空白，给人留下无穷的想象余地，能把听众引向更深远的意境，有"余音绕梁，三日不绝"的奇效。

比如，在文章《挑山工》中，结尾是这样的：

"从泰山回来，我画了一幅画——在陡直的似乎没有尽头的山道上，一个穿红背心的挑山工给肩头的重物压弯了腰，他一步一步向上登攀。这幅画一直挂在我的书桌前，多年来不曾换掉，因为我需要它。"

为什么不曾换掉，为什么作者需要这幅画？答案作者并未揭晓，这就是含蓄表达所产生的效果，给读者留有空白，留有思考的空间，发人深省。在演说中，我们也可以在结尾处采用含蓄的表达，给听众预留思考的空间，从而产生余音绕梁的效果。

6. 抒情式结尾:抒情怀、发感慨

抒情式结尾,指的是以抒情怀、发感慨的方式结尾。演说是一种思想和情感的抒发,用抒情怀、发感慨的方式结尾,能够表达演说者心中丰富的情愫,可以营造诗情画意的意境,最容易激起听众心中情感的浪花,引起听众的共鸣,具有强烈的艺术感染力。

比如,在演说稿《奉献之歌》中,其结尾是这样的:"啊!奉献,这支朴实的歌,这支壮烈的歌,这支深远的歌,这支永远属于母亲我们的祖国的歌,让我们每一个中华儿女都来唱这支歌吧!"看看这个结尾,就充满了感情和诗意,情真意切,情理俱在,能给听众极大的鼓舞和力量。

必须抒发真情实感,给读者真实感、充足感。切勿装腔作势,惺惺作态。

抒情式结尾的形式多种多样,运用起来可以自由发挥。下面,我们就来看看,在演说的结尾处,具体应该怎么抒发感情。其方法如图9-3所示。

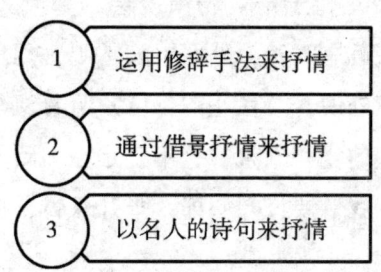

图9-3 抒情式结尾的三种方法

（1）运用修辞手法来抒情

抒发感情离不开修辞手法的巧妙运用。在演说结尾，我们可以运用排比、比喻、拟人、借喻等修辞方法，以优美的语言抒发内心的真实情感，从而大大增强结尾的气势。

比如，"宁静就是这么简单，一个淡淡的微笑，一句贴心的话语，一颗能够包容万物的心灵，足以使一张紧绷的脸绽放出笑容，那笑容就像徜徉在天边的云朵清新而自然"。在这个抒情式结尾中，就运用了排比、比喻等修辞手法。

（2）通过借景抒情来抒情

有个成语叫"触景生情"，人在不同的情境中，会产生不同的情感。在欢快的环境中，人的内心也会随之轻松欢快起来。在静谧的环境中，人的内心也会随之变得安静。演说者站在讲台上，所看到的现场情境又是怎样的？这既取决于客观的现场布置，也受演说者本人的心情、感触的影响。因此，在演说结尾时，可以通过触景生情、借景抒情的方式来抒情。

有一次，某单位举行干部竞聘演说会。那天天气阴沉，当竞聘者朱志峰的演说就要接近尾声时，外面电闪雷鸣，几乎淹没了他的声音。他稍作停顿，指着窗外说："在座的各位，听着窗外响起的阵阵春雷，再看看我们屋内热烈的竞聘气氛，这不正是在为新干部的诞生而奏响庆祝的声乐吗？所以，我们要打开心扉，张开双臂，拥抱这春雷春雨的到来！"

在这里，朱志峰就巧妙地借助了当时的天气变化来抒发自己的情感。当他讲完，听众席中响起了雷鸣般的掌声。

（3）以名人的诗句来抒情

在运用抒情式结尾时，如果你能找到合适的名人名言、诗词短句来为你的演说结尾，那几乎是最理想的了。这种抒情结尾方式可以营造和谐的演说氛围，给听众强烈的感染。

在爱西堡年会上，世界扶轮社社长哈里·劳德曾向美国扶轮社代表团发表演说，在结尾的时候，他借用诗句来抒情，取得了良好的演说效果。他的结尾是这样的：

各位回国后，你们中的有些人会给我寄明信片。如果你不寄给我，我也会寄一张给你。你们一眼就可以看出那是我寄的，因为上面没有贴邮票。（笑声）但我会在上面写些东西：

春去夏来，秋去冬来，

万物枯荣都有它的道理。

但有一件东西永远如朝露般清新，

那就是我对你永远不变的爱意与感情。

这首短诗非常符合哈里·劳德的个性，也很符合当时的演说气氛。因此，用它来结尾，是再合适不过的了。反之，如果把这首诗作为气氛比较严肃的演说结尾，那就显得比较唐突，甚至让人觉得荒谬了。

7. 结尾禁忌：这样结尾你就前功尽弃了

演说是一门艺术。好的开头会给这门艺术增添色彩，好的结尾同样如此。英国剧作家莎士比亚在《理查二世的悲剧》中说过："最美味的佳肴总是放在最后，留给人们一个无限余甘的回忆。"然而，很多人不注意演说的结尾，或没有精心设计结尾的意识，以为演说的结尾随便敷衍一下就行。这往往会导致他们的结尾成为整场演说的一大败笔，导致前功尽弃。

接下来，我们就来看看，演说结尾有哪些禁忌。如图9-4所示。

图9-4 演说结尾的9种禁忌

禁忌1：问答结尾

很多演说都包含了问答环节，并以此作为结尾，尤其是一些培训讲师、企业高级主管喜欢用这一招。但这并不是好的结尾方式，甚至说是一个糟糕的结尾方式。原因很简单，它会让整场精彩的演说以一种非常平淡的方式结尾，对演说的效果大打折扣。

试想一下，当你费尽心思，好不容易在演说即将结束时，将听众带入了一个较好的状态。你得意扬扬地准备结束演说，嘴里说道："还剩10分钟时间结束，大家有问题可以提出来！"可是台下一片沉寂。

"有人提问吗？一个问题都没有吗？"你又问了一遍，可还是没人说话。

你环顾会场，感到有些失望，却假装微笑地说："真的没有问题吗？看样子你们都听懂了！"

第九章　结尾：余音绕梁，耐人寻味

台下的听众开始局促不安，不敢看你的眼睛，生怕被你叫起来回答问题。

"那么，好吧，"你喃喃自语道，"既然大家都没有问题，那演说就到此结束了，谢谢大家来捧场！"说完，你收拾东西，溜之大吉。

显然，这个问答环节严重破坏了之前的良好演说效果。更糟糕的是，你的演说很顺利，而到了问答环节，却碰到了咄咄逼人的提问者。他认真听了你的整场演说，想在最后环节证明他比你聪明，因为他发现了你讲话中的漏洞。

他可能会问你："你从哪里得到的数据？你刚才说某某公司第三季度的业绩增长率为15.7%，而我得知的业绩增长数据是9.8%。"这时无论你多么巧妙地回答这个问题，你的信誉都会受到影响。所以，不要以问答环节作为一场演说的结尾。

禁忌2：草率了事

有些人在演说的结尾处不对主题作必要的概括，也不强调主题，而是匆忙地结束，草率地收兵。听众听完后一片茫然，不知道演说的主题究竟是什么，这样的结尾会使演说失去应有的光彩。

演说的结尾应该保持一定的思想深度和立意高度，要尽量将演说主题升华到新的层次，既能照应开头，总结全篇，又能突出重点，深化主旨，这样才能给听众留下深刻而完整的印象。

禁忌3：讽刺挖苦

有些演说者，因为在演说过程中发现一些听众不认真听，比如，交头接耳、玩手机、开小差。所以，在结尾时故意含沙射影地讽刺几句，发泄一下内心的不满。这种做法是不可取的，这样的结尾除了增加听众的反感，表现出自己缺乏修养之外，没有任何实质意义。

禁忌4：拖泥带水

有些演说者，明明已经到了结尾处，偏要喋喋不休地说十几分钟，讲一些没有意义的内容，或重复前面的一些内容，拖拖拉拉。比如，"我前面讲的几点内容非常重要，我再来强调一遍……"这样的结尾是典型的拖泥带水，很容易引起听众的反感。好的结尾应该干脆利落，该结束就结束，可有可无的套话不要说。

禁忌5：节外生枝

有些演说者在结尾时说："其实吧，我还有很多内容要讲，但没有时间了，以后有机会再讲吧！"这样的结尾就是节外生枝，会让听众觉得你的演说有些仓促和不完整。

禁忌6：做作客套

有些演说者在演说结束时，总是忍不住客套一番。比如，"今天的演说到这里就结束了，原本今天我没准备发言的，但主持人临时一再邀请我上来，所以我就随便讲了几句，因为时间的关系，加上我水平有限，而且没有提前准备，讲得不对的地方，还望大家见谅"。这样的结尾废话连篇，十分做作，是演说结尾的大忌。

禁忌7：谢个不停

有些演说者，为了表达对听众的配合和主办方的支持的感谢，特意在演说结尾谢个不停。"感谢CCTV、感谢MTV，感谢……"生怕遗漏了任何一个被感谢对象。以表达感谢的方式结尾，并非不可，但一定要保持简洁，千万别没完没了地感谢。否则，这很容易导致听众心生厌烦，得不偿失。

禁忌8：故作谦虚

有些演说者在演说结尾，总要说上几句自谦的或道歉的话，好像不这么说，内心过意不去一样。比如，"今天演说的内容多有不足之处，请见谅"。其实，真的没有必要这样做，即使你在演说中表现不好，也没必要再次提醒大家记住。

禁忌9：承认错误

当演说即将结束，听众身心放松下来时，有些演说者却突然提起另一个关键点，再附带着承认错误。比如，"哦，对不起大家，有件重要的事我忘了提了，就是……"这样结尾除了让听众觉得你健忘以外，真的没有任何好处。